国家图书馆学人著述目录

（1909～1949）

苏健　赵晓虹◎著

知识产权出版社
全国百佳图书出版单位
——北京——

图书在版编目（CIP）数据

国家图书馆学人著述目录：1909～1949/苏健，赵晓虹著．—北京：知识产权出版社，2021.6

ISBN 978－7－5130－7577－0

Ⅰ.①国… Ⅱ.①苏… ②赵… Ⅲ.①国家图书馆—中文图书—图书馆目录—中国—1909－1949 Ⅳ.①Z862.6

中国版本图书馆 CIP 数据核字（2021）第 128681 号

责任编辑：刘　江　　**责任校对：**王　岩
封面设计：博华创意·张冀　　**责任印制：**刘译文

国家图书馆学人著述目录（1909～1949）

苏　健　赵晓虹　著

出版发行：知识产权出版社有限责任公司　**网　　址：**http：//www.ipph.cn
社　　址：北京市海淀区气象路 50 号院　**邮　　编：**100081
责编电话：010－82000860 转 8344　**责编邮箱：**liujiang@cnipr.com
发行电话：010－82000860 转 8101/8102　**发行传真：**010－82000893/82005070/82000270
印　　刷：北京建宏印刷有限公司　**经　　销：**各大网上书店、新华书店及相关专业书店
开　　本：880mm×1230mm　1/32　**印　　张：**10.125
版　　次：2021 年 6 月第 1 版　**印　　次：**2021 年 6 月第 1 次印刷
字　　数：228 千字　**定　　价：**68.00 元

ISBN 978－7－5130－7577－0

说　明

1. 国家图书馆学术史研究是馆史研究的重要组成部分，为便于研究者对国家图书馆学人学术成果的查阅和检索，特将本馆学人自创馆以来发表的学术成果集结成册，编印学人著述目录，时间截至1949年。

2. 本目录所收录对象为在1909年9月9日至1949年10月1日，任馆职时有作品公开发表者，包括馆长在内共收录116位学人的著述，按学人任职时间先后顺序排列。

3. 本目录包括两部分：一是个人著述目录，二是集体著者和佚名著者著述目录，均按发表或出版时间顺序排列。

4. 本目录所收著述包括学人所著、所编、所译之著作，不限语种、体裁、主题，一并收录，单篇文献已辑入专书或为其他文献所转载的，连载文章复加修订后以同名出书的，也收录在内。学人演讲或会议发言所作的记录，凡公开发表的也予收录。但不包括研究报告和学位论文。

5. 每位学人著述目录前，录其小传，述其姓名、字号、笔名或别名，生卒年，籍贯，主要经历及非在馆任职期间发表的部分著述等。

6. 每一学人的著作先列专书，后列单篇文章。专书著录其书名、出版地、出版者、出版年月及备注。单篇文章著录其篇名、发表之书报刊名、卷期、出版年月及备注等。著述题名的语种与其内文保持一致，如著作以英文发表，则著录其英文篇名，依此类推。

7. 目录只收录每一学人以第一著者身份发表的著述。合撰合编的文章或译著，其他著者于文内注明。合著者都为馆内学人的，其余著者名亦在文内标出。译著的原作者名在文内标出；原作者原缺的，不著录。

8. 著者以笔名或别名发表的著述，也归于本名下，按发表时的署名著录。出版者或报刊名称有更名的，按出版或发表时的名称著录。

9. 由于已故学人的著述收集不易，遗漏在所难免，只能达到相对完整，希望以后能加以增补修订。有的学人资料查找不到，只能暂付阙如。

目　录

个人著述

缪荃孙

缪荃孙（1844～1919），字筱山、小山、小珊、炎之、荄之、筱杉、筱珊、缪炎，晚号艺风、艺风老人。室名艺风堂、云自在龛、丛钞堂、画烟东室、对雨楼、云轮阁、藕香簃、联珠楼等。江苏江阴人。同治六年（1867年）中举，先后入吴棠、张之洞等人幕府，并为张撰《书目答问》。光绪二年（1876年）进士，授编修。历任国史馆纂修、总纂、提调等。后弃官，1896年起主讲南京钟山书院，并先后任江楚编译局总纂，总领江宁学堂，兼任两江师范学堂稽察等。1907～1911年筹办并主持江南图书馆。1909年9月奏准为京师图书馆监督，1910年11月到京理事，督率馆员整理清内阁大库藏书，回江南押送瞿氏书50种回京，编制本馆善本和方志目录，至1911年11月告假南归。后避居上海，从事著述。1914年参加《清史稿》编纂，1915年应聘为清史馆总纂。撰述有《艺风藏书记》《艺风藏书续记》《艺风藏书再续记》《艺风堂金石文字目》和《江苏金石志》等，辑刊黄丕烈《士礼居藏书题跋续记》《士礼居藏书题跋再续记》《荛圃藏书题识》《荛圃刻书题识》等。

专书

署名	书名	出版者	出版年
缪荃孙	清学部图书馆方志目	上海：国粹学报社	1912 年，同年刊载于《古学汇刊》第 1 期
缪荃孙	清学部图书馆善本书目	上海：国粹学报社	1912 年，同年刊载于《古学汇刊》第 1 期

单篇文章

署名	文章名	报刊名	期数
缪荃孙	艺风堂题跋：浙本沈文起两汉书疏证跋	国学丛刊（北京）	1911 年第 1 期
缪荃孙	艺风堂题跋：宋太宗实录跋	国学丛刊（北京）	1911 年第 1 期
缪荃孙	艺风堂题跋：重刊宋朝南渡十将传跋	国学丛刊（北京）	1911 年第 1 期
缪荃孙	艺风堂题跋：杨山松孤儿吁天录跋	国学丛刊（北京）	1911 年第 1 期
缪荃孙	艺风堂题跋：顺治三科题名录跋	国学丛刊（北京）	1911 年第 1 期
缪荃孙	艺风堂题跋：性理群书句解前集二十三卷后集二十三卷跋	国学丛刊（北京）	1911 年第 1 期

续表

署名	文章名	报刊名	期数
缪荃孙	艺风堂题跋：西山先生真文忠公读书记甲集三十七卷乙集二十二卷丁集八卷跋	国学丛刊（北京）	1911 年第 1 期
缪荃孙	艺风堂题跋：夷坚志五十卷跋	国学丛刊（北京）	1911 年第 1 期
缪荃孙	艺风堂题跋：珊瑚木难八卷跋	国学丛刊（北京）	1911 年第 1 期
缪荃孙	艺风堂题跋：金石萃编元代残稿跋	国学丛刊（北京）	1911 年第 1 期
缪荃孙	艺风堂题跋：古泉山馆题跋残藁跋	国学丛刊（北京）	1911 年第 1 期
缪荃孙	艺风堂题跋：卢照邻集二卷跋	国学丛刊（北京）	1911 年第 1 期
缪荃孙	艺风堂题跋：贾浪仙长江集十卷跋	国学丛刊（北京）	1911 年第 1 期
缪荃孙	艺风堂题跋：朱泽民存复斋集续集跋	国学丛刊（北京）	1911 年第 1 期
缪荃孙	艺风堂题跋：元诗选目有续集：圣宋名贤五百家播芳大全文粹一百五十卷目十卷跋	国学丛刊（北京）	1911 年第 1 期
缪荃孙	谢涇阳公惠洋倚启	南洋官报	1911 年第 145 期

陈曾寿

陈曾寿（1877～1949），字仁先，号苍虬，亦作沧虬，又有耐寂、复志、焦庵等称。室名陈庄、苍虬阁、旧月簃、石如意斋等。湖北蕲水（今浠水）人。1903 年癸卯科进士，任刑部主事。1906 年调学部，由主事累迁员外郎、郎中。1910～1911 年，任京师图书馆纂修。辛亥革命后，拒绝袁世凯出任提学使之请，以卖画自给。1917 年张勋复辟时，授学部侍郎。复辟失败后于杭州幽居奉母。后追随溥仪，于 1930 年赴津，任婉容师傅、伪满管理内廷事务的“内廷局”局长等职，1937 年为清陵庙事务触怒日人而被免职。后移居北京，晚岁南归。陈曾寿擅长诗词书画，著述有《苍虬阁诗集》10 卷及续集 2 卷，《旧月簃词》1 卷等。

单篇文章

署名	文章名	报刊名	期数
陈曾寿	文苑：题江侍御梅阳归养图	国风报	1910 年第 1 卷第 18 期

王仁俊

王仁俊（1866～1913），字干臣、捍郑，又字感莼，号籀许，别名人俊。江苏吴县（今苏州）人。1892 年壬辰科进士，授吏部主事，后任湖北知府。曾长苏州学古堂，后为京师大学堂教授、学部编译图书局副局长。1910～1911年被聘为京师图书馆纂修。著述有《〈说文解字〉引汉律令考》《格致精华录》《周秦诸子叙录》《淮南子万毕术辑》《金石通考》《〈白虎通义〉集校》《辽文萃》《辽史艺文志补正》《敦煌石室真迹录》等。

专书

署名	书名	出版者	出版年
王仁俊	敦煌石室真迹录	吴越王氏复印件	宣统三年（1911）
王仁俊	故唐开元律名例疏案证	吴县王氏影写刊行	宣统三年（1911）

章　钰

章钰（1865～1937），字式之、坚孟、坚梦、茗理，别署蛰存、负翁、晦翁、北池逸老、长孺、老式、全贫居士、充隐、曙戒学人等，晚年自号霜根老人。江苏长洲（今苏州市）人。1889年己丑科举人。1903年癸卯科进士，以主事分刑部湖广清吏司行走。不久请假南归，经江苏巡抚端方奏请留苏，历任参议、高等小学堂堂长、师范学堂监督等职。以办学劳，保加四品衔。1906年，章钰再入端方幕府，1909年随端方北上，供职吏部，再调外务部一等秘书、庶务司帮主稿。1910～1911年兼任京师图书馆编修。入民国，以校书、著述为务，以校勘精微著称。1914年聘为清史馆纂修。著有《胡刻通鉴正文校宋记》《钱遵王读书敏求记校正》《章氏四当斋书目》《四当斋集》等。

专书

署名	书名	出版者	出版年
章钰	广化寺图书馆检书草目	抄本	约 1910 ~ 1911 年
章钰	滂喜斋藏书记目	抄本：京师图书馆	清末（1851 ~ 1911 年）

王懋镕

王懋镕（？ ~1913），字佐昌，又作左昌。原在江南图书馆工作，1912 年 5 月转任京师图书馆馆员，1913 年 10 月京师图书馆馆务暂停后解职。校有《江南图书馆善本书目》，编有《京师图书馆善本书目》。

单篇文章

署名	文章名	报刊名	期数
王懋镕（译）	图书馆管理法	教育杂志	1913 年第 5 卷第 2 期
王懋镕（译）	图书馆管理法	教育杂志	1913 年第 5 卷第 4 期
王懋镕（译）	图书馆管理法	教育杂志	1913 年第 5 卷第 5 期
王懋镕（译）	图书馆管理法	教育杂志	1913 年第 5 卷第 8 期
王懋镕（译）	图书馆管理法	教育杂志	1914 年第 5 卷第 10 期
王懋镕（译）	图书馆管理法	教育杂志	1914 年第 5 卷第 12 期

江　瀚

江瀚（1857～1935），名一作江翰，字叔海，别号石翁山民，室名石翁山房、慎所立斋。福建长汀人。光绪二十九年（1903年）进士。清末历任重庆东川书院山长，致用书院讲席，长沙校经堂校书，江苏高等学堂、两级师范学堂监督，学部总务司行走、参事官，京师大学堂教授，河南布政使等。入民国后，于1912年5月至1913年2月任京师图书馆馆长，后任四川盐运使、参政院参政、总统府顾问。1922年任山西大学教授，后历任礼制馆馆长、京师大学代理校长、故宫博物馆代理馆长等职。著述有《北游草》《东游草》《〈诗经〉四家异文考补》《慎所立斋诗文集》《片玉碎金》《孔学发微》《南行纪事诗》等。

专书

署名	书名	出版者	出版年
江瀚	中州从政录	北京：京华印书局	1912年
江瀚	京师图书馆善本简明书目	北京：京师图书馆	1913年

单篇文章

署名	文章名	报刊名	期数
江瀚	孔学发微（卷上，总说）	中国学报（北京）	1912年第1期
江瀚	孔学发微（卷上，明道）	中国学报（北京）	1912年第2期
江瀚	与廖季平论今古学考书	中国学报（北京）	1912年第2期

续表

署名	文章名	报刊名	期数
江瀚	石翁山房札记（卷一）	中国学报（北京）	1913 年第 3 期
江瀚	孔学发微（卷上，正伦）	中国学报（北京）	1913 年第 3 期
江瀚	孔学发微（卷中，辨性）	中国学报（北京）	1913 年第 6 期
江瀚	孔学发微（卷中，述学）	中国学报（北京）	1913 年第 7 期

夏曾佑

夏曾佑（1863～1924），字穗生，又字穗卿（一作号）、遂卿，又作蕙卿，号碎庵、碎佛，又号别士、八股圣人、曾佑（也作笔名）。浙江钱塘（今杭州）人。光绪十六年（1890 年）进士，授礼部主事。与梁启超、谭嗣同交往密切。戊戌变法运动前，在天津与严复等创办《国闻报》。后任安徽祁门知县，1905 年随考察政治大臣赴日考察，任译书总纂官。返国后官泗州知州。入民国，任教育部社会教育司司长，1913 年兼任京师图书馆馆长，1915 年 8 月起专任京师图书馆馆长，1918 年 1 月至 1920 年改任京师图书馆总编辑。任馆长期间，他争取京师图书馆成为国家出版物缴存馆，并制定出各类规章制度。夏曾佑早年治今文经学，后又汲取进化论学说，著《中学中国历史教科书》（后改名《中国古代史》），为中国尝试用进化论研究中国历史的第一部著作。对佛学也有较深研究，又能诗。

专书

署名	书名	出版者	出版年
夏曾佑等	京师图书馆善本简明目录	北京：京师图书馆	1914 年

单篇文章

署名	文章名	报刊名	期数
夏曾佑	别蜕庵八年后相见于海上作此赠之	国民杂志（上海）	1913 年第 5 期
夏曾佑	游曹家渡小万柳堂赠廉惠卿部郎吴芝瑛女士	宪法新闻	1913 年第 7 期
夏曾佑	与君遂游曹家渡（诗词）	东方杂志	1917 年第 14 卷第 9 号

钱稻孙

钱稻孙（1887～1966），字介眉，别号泉寿，笔名大泉、泉、稻孙。浙江吴兴（今湖州）人。钱恂子，钱玄同侄。早年留学日本，后赴意大利，毕业于罗马大学。1912 年任教育部主事，后升任视学。1915 年 1 月至 1917 年 1 月兼京师图书馆分馆主任，并任北京大学东方文学系讲师，后任国立北京美专图书馆主任兼讲师。1925 年中华图书馆协会成立后，被聘为执行部干事。1926 年 3 月到北京图书馆（后改名北平北海图书馆）工作，任总务科科长。1929 年 8 月该馆和国立北平图书馆合并后，任国立北平图书馆舆图部主任、馆编纂委员会委员，1930 年 9 月辞职。其间和其后历任北京法政学院、朝阳大学、民国大学讲师，清华大学外文系教授并短期兼图书馆长。抗战时期出任伪北京大学秘书长、校长兼图书馆馆长，东亚文化协会评议员等。新中国成立后，被分配到齐鲁大学任教，1952 年转任卫生部出版社编辑，1956 年退休后，曾兼任人民文学出版社特约编译。其译作有《万叶集》《西域文明史概论》《东亚乐器考》《源氏物语》《神曲一脔》《造型美术》等。

专书

署名	书名	出版者	出版年
钱稻孙（译）	人体解剖学（第一卷）（石川喜直）	东京：吐凤堂书店	1915 年
钱稻孙（译）	人体解剖学（第二卷）（石川喜直）	东京：吐凤堂书店	1916 年
钱稻孙（译）	由考古学上看到的中日文化底交涉（原田淑人）	北平：清华周刊社	1930 年，亦刊于《清华周刊》1930 年第 33 卷第 5 期
钱稻孙（译）	造型美术（T. Volbehr）	上海：商务印书馆	1930 年

单篇文章

署名	文章名	报刊名	期数
泉	新书介绍与批评：狩野教授还历记念支那学论丛	北京图书馆月刊	1928 年第 1 卷第 2 号
泉	新书介绍与批评：入藏日文杂志篇目举要	北京图书馆月刊	1928 年第 1 卷第 2 号
泉	新书介绍与批评：汉英考证老子新研究	北京图书馆月刊	1928 年第 1 卷第 3 号
泉	新书介绍与批评：入藏日文杂志篇目举要（七月）	北京图书馆月刊	1928 年第 1 卷第 3 号
泉	新书介绍与批评：满洲考古学	北京图书馆月刊	1928 年第 1 卷第 4 号
泉	新书介绍与批评：见于秘记录之支那外交气质	北京图书馆月刊	1928 年第 1 卷第 4 号
泉	新书介绍与批评：外蒙之现势及其将来	北京图书馆月刊	1928 年第 1 卷第 4 号
泉	新书介绍：考古学论丛	北平北海图书馆月刊	1928 年第 1 卷第 5 号
钱稻孙（译）	景教经典《序听迷诗所经》考释（羽田亨）	北平北海图书馆月刊	1928 年第 1 卷第 6 号

续表

署名	文章名	报刊名	期数
钱稻孙	去年度之东瀛史界	北平北海图书馆月刊	1929 年第 2 卷第 6 号
钱稻孙（译）	景教经典《志玄安乐经论》（羽田亨）	清华周刊	1929 年第 32 卷第 10 期；《真光杂志》1930 年第 29 卷第 2 期
钱稻孙（译）	但丁神曲（地狱曲一至曲五）（但丁）	学衡	1929 年第 72 期
钱稻孙（译）	考支那古典之年代（附表）（新城新藏）	北大图书部月刊	1929 年第 1 卷第 2 期
钱稻孙	高丽义天续藏之涅槃实疏	北大图书部月刊	1929 年第 1 卷第 1 期
钱稻孙（译）	影印宋椠单本尚书正义解题（内藤虎次郎）	国立北平图书馆馆刊	1930 年第 4 卷第 4 号
钱稻孙（译）	栗特国考（白鸟库吉）	女师大学术季刊	1930 年第 1 卷第 4 期
钱稻孙（译）	从考古学上看的中日文化底交涉（续）（原田淑人）	清华周刊	1930 年第 33 卷第 7/8 期

李耀南

李耀南（1884～1948），字照亭，河南上蔡人。河南优级师范毕业。原河南上蔡县劝学所所长，北洋政府教育部部员，1918年5月任职京师图书馆，担任度藏课馆员，负责管理善本书室兼在文书科办事、兼编善本书目等。后任国立北平图书馆善本部考订组馆员。1937年派往平馆上海办事处，负责暂存中国科学社藏书的保管和中文《图书季刊》发行部有关工作，存沪藏书运回后回平馆。1943年任考订组组长，抗战胜利后任总务组事务股股长、编辑等。

单篇文章

署名	文章名	报刊名	期数
李耀南	中国书装考	图书馆学季刊	1930年第4卷第2期

谭新嘉

谭新嘉（1874～1939），字志贤，号胥山蟫叟，刻书室名“承启堂”。浙江嘉兴人。学者谭其骧从父。幼读私塾，业师海宁张友仁。12岁延师胡锡藩（胡师，字锡藩，原名不详）授读。14岁业师秀水姜丙垣（字忆萱）先生。15岁仍延姜师授读。17岁随从平湖江锡爵（字娱庭）先生求学。19岁随从太老师秀水沈文渊（字安甫）先生求学。1904年嘉郡图书馆（今嘉兴图书馆前身）成立，次年应该馆发起人陶葆霖、金蓉锡、沈进忠聘请，到馆董理馆务兼编目员，编成书目4卷。辞职回乡后，筹办嘉兴慎远学堂，任堂长，兼任史地教员，后被选为县视学兼劝学所总董。1910年，应直隶提学使傅增湘之聘，任天津直隶图书馆提调，主编馆藏古籍目录，编有《天津图书馆书目》。两年后辞职南归，管理县教育事务，再任县视学。1917 年 9 月到京师图书馆工作，先后任编辑、馆员，目录课课长。编有《国立京师图书馆普通本书目二编》等。1930 年 7 月起任国立北平图书馆编纂部中文编目组组长，馆编纂委员会委员。1935 年 10 月改任编纂，1939 年因病退休，旋即去世。还纂修有《嘉兴谭氏家谱》，辑有《先著辑存》，撰有《清宫纪游》《西山纪游》等。

专书

署名	书名	出版者	出版年
谭新嘉	嘉兴谭氏遗书（10 种）	嘉兴：谭氏承启堂	1935 年
谭新嘉	碧漪集	嘉兴：谭氏承启堂	1935 年
谭新嘉	嘉兴谭埽庵祭酒贞默著述目录	嘉兴：谭氏承启堂	1935 年
谭新嘉	国立北平图书馆方志目录二编	北平：国立北平图书	1936 年
谭新嘉	梦怀录	稿本	民国间

袁希涛

袁希涛（1866～1930），字观澜，号霓孙，小名鹤龄，别号弘毅。影射名韩若海。江苏宝山（今属上海市）人。光绪二十三年（1897 年）举人。任广方言馆教授。1903 年在宝山创办县学堂。次年，倡议将龙门书院改办龙门师范。后又筹办复旦公学、创办太仓州中学，并与张相文创设地理学会。辛亥革命后，任教育部普通教育司司长、教育部次长。1918 年以教育部次长兼任京师图书馆馆长。1919 年曾出国考察教育。1921 年返京，旋南归。任江苏省教育会会长，推行义务教育，倡设乡村师范。著述有《义务教育》《新学制草案与各国学制之比较》《战后之欧美教育》《欧美之中小学校》《庚子赔款退还之实际与希望》《宝山袁霓孙先生事略 》《游华岳记》 等。

单篇文章

署名	文章名	报刊名	期数
袁观澜等	名人讲演会纪录：义务教育普及问题	江苏省立第三师范学校校友会杂志	1918 年第 7 期（下）

江味农

江味农（1872 ~ 1938），名忠业，一名杜，号定翁，法号妙煦、胜观。江苏江宁人。光绪二十八年（1902 年）举人，1918 年受菩萨戒，同年到北方参加佛教赈筹会放赈工作。经蒋维乔推荐，1918 年 5 月至 1921 年 2 月受聘京师图书馆，任编辑，参与整理馆藏敦煌遗书。1931 年任上海省心莲社社长，常在社中讲经。著述有《金刚般若波罗蜜经讲义》，整理谛闲法师述《圆觉亲闻记》《大乘止观述记》 等。

专书

署名	书名	出版者	出版年
江味农辑	大乘稻芊经随听疏（附随听疏）	上海：商务印书馆	1919年
江味农	净名经集解关中疏序	上海：商务印书馆	1929年（所辑晚于《大乘稻芊经随听疏》，亦成书于1919年）

李文祷

李文祷（1901～?），又名文绮（亦以行）。字翰章，笔名冷、冷衷、文、章、雪庵、梅、梅心、梅子、紫、慕紫、绮、绮生、翰、飞归、引玉，室名冷雪庵。河北大兴（今北京大兴）人。1918年11月到京师图书馆工作，曾任目录课录事、馆员，文书科科员。1926年转到北京图书馆（后改名北平北海图书馆）工作，任采访科科员。1929年8月起先后任国立北平图书馆编纂部中文编目组组员、期刊部中文期刊组组长、阅览部阅览组组长。其间曾借调河北省教育厅，任督学兼省立实验乡村民众教育馆馆长。1935年7月，由北平社会局借调到北平市第一普通图书馆任馆长，并兼中华图书馆协会事务所编辑。1936年4月辞平馆职务。1942年9月，辞去北京特别市公署第一普通图书馆馆长职务。著述有《四库全书目录类小序注》《诗人徐志摩评传》等，与人合编有《北平市立第一普通图书馆图书总目》。

专书

署名	书名	出版者	出版年
李文裿	漱玉集	北京：冷雪盦	1927 年
李文裿	易安居士年谱	北京：冷雪盦	1927 年
李文裿辑，黄丕烈撰	士礼居藏书题跋补录	北平：冷雪盦（北平紫玉书店排印本）	1929 年
李文裿	河北省立实验乡村民众教育馆概况	河北：河北省立实验乡村民众教育馆	1932 年
冷衷	四库著录河北先哲遗书辑目	北平：国立北平图书馆	1933 年
李文裿	冷雪盦知见印谱录目	北平：青梅书店	1933 年
李文裿	北平学术机关指南	北平：北平图书馆协会	1933 年
李冷衷编述，萨雪如校订	国学常识述要	北平：众敩学会	1934 年

单篇文章

署名	文章名	报刊名	期数
冷衷	中国定期刊物调查表	中华图书馆协会会报	1927 年第 2 卷第 5 期
冷衷	中国定期刊物调查表（续）	中华图书馆协会会报	1927 年第 2 卷第 6 期

续表

署名	文章名	报刊名	期数
冷衷	中国定期刊物调查表（再续）	中华图书馆协会会报	1927 年第 3 卷第 1 期
冷衷	中国定期刊物调查表（三续）	中华图书馆协会会报	1927 年第 3 卷第 2 期
冷衷	中国定期刊物调查表（四续）	中华图书馆协会会报	1927 年第 4 卷第 1 期
章	新书介绍与批评：中国报学史	北京图书馆月刊	1928 年第 1 卷第 2 号
冷	时论撮要：京本通俗小说考评	图书馆学季刊	1929 年第 3 卷第 3 期
冷	时论撮要：蜀石经考异叙录	图书馆学季刊	1929 年第 3 卷第 3 期
冷	时论撮要：唐钞本文选残篇跋	图书馆学季刊	1929 年第 3 卷第 3 期
冷	时论撮要：周髀算经考	图书馆学季刊	1929 年第 3 卷第 3 期
冷	时论撮要：周代法学家之著作考	图书馆学季刊	1929 年第 3 卷第 3 期
李文褀	中国书籍装订之变迁	图书馆学季刊	1929 年第 3 卷第 4 期
冷	时论撮要：朝鲜两次变乱之文件	图书馆学季刊	1929 年第 3 卷第 4 期

续表

署名	文章名	报刊名	期数
绮	时论撮要：敦煌出土古经录未著录之比丘尼戒本	图书馆学季刊	1929 年第 3 卷第 4 期
绮	时论撮要：古诗书目提要	图书馆学季刊	1929 年第 3 卷第 4 期
冷	时论撮要：评清史稿艺文志	图书馆学季刊	1929 年第 3 卷第 4 期
绮	时论撮要：述近出太平天国史料三种（佛驮耶舍）	图书馆学季刊	1929 年第 3 卷第 4 期
绮	时论撮要：述刻本观象玩占	图书馆学季刊	1929 年第 3 卷第 4 期
冷	时论撮要：水浒传的演化	图书馆学季刊	1929 年第 3 卷第 4 期
绮	时论撮要：水浒传新考	图书馆学季刊	1929 年第 3 卷第 4 期
冷	时论撮要：图书之清洁与消毒	图书馆学季刊	1929 年第 3 卷第 4 期
文	时论撮要：渔洋山人著书考	图书馆学季刊	1929 年第 3 卷第 4 期
翰	时论撮要：中国上古史参考书目举要	图书馆学季刊	1929 年第 3 卷第 4 期
梅子	成都人请客	群众月刊	1929 年第 5 期

续表

署名	文章名	报刊名	期数
梅子	书报批评与读后感：读“阿西娜”后	群众月刊	1929 年第 5 期
梅子	无名作家与上海出版界	群众月刊	1929 年第 6 期
冷衷	中国期刊调查表	中华图书馆协会会报	1930 年第 5 卷第 6 期
李文裿	编辑期刊中论文索引之意见	中华图书馆协会会报	1930 年第 5 卷第 6 期
冷衷	中国政府出版期刊调查表	中华图书馆协会会报	1930 年第 6 卷第 1 期
李文裿	小学校与图书馆	中华图书馆协会会报	1930 年第 6 卷第 2 期
冷	时论撮要：板匡纪名略	图书馆学季刊	1930 年第 4 卷第 1 期
翰	时论撮要：简书发现考	图书馆学季刊	1930 年第 4 卷第 1 期
冷	时论撮要：名词索引之改良	图书馆学季刊	1930 年第 4 卷第 1 期
冷	时论撮要：慎懋赏本慎子辨伪考	图书馆学季刊	1930 年第 4 卷第 1 期
翰	时论撮要：唐以前之目录	图书馆学季刊	1930 年第 4 卷第 1 期

续表

署名	文章名	报刊名	期数
李文裿	医籍汇刻目录续编	图书馆学季刊	1930年第4卷第3/4期
冷	时论撮要：藏书方法的介绍	图书馆学季刊	1930年第4卷第3/4期
冷	时论撮要：论编制中国目录学史之重要及困难	图书馆学季刊	1930年第4卷第3/4期
翰	时论撮要：日本图书馆事业之史的研究	图书馆学季刊	1930年第4卷第3/4期
翰	时论撮要：日本研究吾国的各种定期刊物	图书馆学季刊	1930年第4卷第3/4期
绮	时论撮要：水浒传诸本	图书馆学季刊	1930年第4卷第3/4期
绮	时论撮要：宋刊《文苑英华》辨证校记	图书馆学季刊	1930年第4卷第3/4期
翰	时论撮要：宋刊《宣和奉使高丽图经》校记	图书馆学季刊	1930年第4卷第3/4期
冷	时论撮要：元私本考	图书馆学季刊	1930年第4卷第3/4期
绮	时论撮要：中国出版法和德国新闻法之比较	图书馆学季刊	1930年第4卷第3/4期

续表

署名	文章名	报刊名	期数
绮	时论撮要：中译苏俄小说编目	图书馆学季刊	1930 年第 4 卷第 3/4 期
冷衷	现代图书馆应备之日本期刊目录	中华图书馆协会会报	1931 年第 6 卷第 5 期
李文裿	国立北平图书馆新筑落成开幕记	中华图书馆协会会报	1931 年第 6 卷第 6 期
李文裿	静嘉堂文库小史	中华图书馆协会会报	1931 年第 7 卷第 1 期
冷衷	研究中日问题参考书目	中华图书馆协会会报	1931 年第 7 卷第 2 期
冷衷	图书馆最低限度应备之期刊目录	中华图书馆协会会报	1931 年第 7 卷第 3 期
李文裿	板本名称释略	图书馆学季刊	1931 年第 5 卷第 1 期
冷	时论撮要：日本图书馆协会之活动	图书馆学季刊	1931 年第 5 卷第 1 期
冷	时论撮要：《魏书》源流考	图书馆学季刊	1931 年第 5 卷第 1 期
冷	时论撮要：《尧典》的研究	图书馆学季刊	1931 年第 5 卷第 1 期
绮	时论撮要：罗贯中	图书馆学季刊	1931 年第 5 卷第 1 期
冷	时论撮要：四库著录安徽先哲书目	图书馆学季刊	1931 年第 5 卷第 2 期

续表

署名	文章名	报刊名	期数
冷	时论撮要：《九章算术》源流考	图书馆学季刊	1931 年第 5 卷第 2 期
冷	时论撮要：云南罗罗族的巫师及其经典	图书馆学季刊	1931 年第 5 卷第 3/4 期
冷	时论撮要：留德图书馆学工作报告	图书馆学季刊	1932 年第 6 卷第 1 期
冷	时论撮要：美国民众图书馆之史的考察	图书馆学季刊	1932 年第 6 卷第 1 期
冷	时论撮要：中华民国各省县名易检表	图书馆学季刊	1932 年第 6 卷第 1 期
冷	时论撮要：最近一年来之民众教育出版界	图书馆学季刊	1932 年第 6 卷第 1 期
冷	时论撮要：图书馆之阅览指导法	图书馆学季刊	1932 年第 6 卷第 1 期
绮	时论撮要：图书馆与青年修养	图书馆学季刊	1932 年第 6 卷第 1 期
绮	时论撮要：北平书讯	图书馆学季刊	1932 年第 6 卷第 1 期
章	时论撮要：关于日本教育的论文索引	图书馆学季刊	1932 年第 6 卷第 2 期
冷	时论撮要：明嘉靖本《甘泉先生文集》考证	图书馆学季刊	1932 年第 6 卷第 2 期

续表

署名	文章名	报刊名	期数
冷	时论撮要：十八种欧美最近关于职业心理出版物提要	图书馆学季刊	1932 年第 6 卷第 2 期
李文裿	河北全省图书馆视察记	图书馆学季刊	1932 年第 6 卷第 2 期
李文裿	河北省立三学院图书馆视察记	中华图书馆协会会报	1932 年第 7 卷第 5 期
冷衷	河北省立图书馆视察记	中华图书馆协会会报	1932 年第 7 卷第 6 期
裿	时论撮要：《九章算术》篇目考	图书馆学季刊	1933 年第 7 卷第 1 期
章	时论撮要：《南唐书》校文	图书馆学季刊	1933 年第 7 卷第 1 期
冷	时论撮要：三国佛典录（刘国钧）	图书馆学季刊	1933 年第 7 卷第 1 期
冷衷	文津阁图	图书馆学季刊	1933 年第 7 卷第 1 期
冷衷	日内瓦中国国际图书馆	图书馆学季刊	1933 年第 7 卷第 2 期
裿	时论撮要：记玉霜所藏抄本戏曲	图书馆学季刊	1933 年第 7 卷第 2 期
冷	时论撮要：嘉业堂藏书提要	图书馆学季刊	1933 年第 7 卷第 2 期

续表

署名	文章名	报刊名	期数
冷	时论撮要：研究国学之门径（君五）	图书馆学季刊	1933 年第 7 卷第 2 期
冷	时论撮要：民众图书馆的服务经验谈	图书馆学季刊	1933 年第 7 卷第 3 期
绮	时论撮要：目录之名称及其内涵	图书馆学季刊	1933 年第 7 卷第 3 期
冷衷	时论撮要：四库全书词曲类提要校议	图书馆学季刊	1933 年第 7 卷第 3 期
冷	时论撮要：我国民众图书馆运动的剖视	图书馆学季刊	1933 年第 7 卷第 3 期
冷	时论撮要：《东林点将录》考异	图书馆学季刊	1933 年第 7 卷第 4 期
冷	时论撮要：教育学院与学校图书馆	图书馆学季刊	1933 年第 7 卷第 4 期
冷	时论撮要：论横行排印的便利	图书馆学季刊	1933 年第 7 卷第 4 期
冷	时论撮要：民众图书馆释义	图书馆学季刊	1933 年第 7 卷第 4 期
慕紫	时论撮要：民众图书馆问题讨论	图书馆学季刊	1933 年第 7 卷第 4 期
绮	时论撮要：《日知录》校记	图书馆学季刊	1933 年第 7 卷第 4 期

续表

署名	文章名	报刊名	期数
冷	时论撮要：图书馆教育研究	图书馆学季刊	1933 年第 7 卷第 4 期
文	时论撮要：曾文正公著述考	图书馆学季刊	1933 年第 7 卷第 4 期
文	时论撮要：珍籍过眼录（罗香林）	图书馆学季刊	1933 年第 7 卷第 4 期
冷衷	四库著录河北先哲遗书辑目	中华图书馆协会会报	1933 年第 9 卷第 3 期
梅子	出版界之去路	出版消息	1934 年第 29 期
绮	时论撮要：禁书问题（沈从文）	图书馆学季刊	1934 年第 8 卷第 1 期
冷	时论撮要：甲骨学目录并序	图书馆学季刊	1934 年第 8 卷第 1 期
绮	时论撮要：苏联的出版事业	图书馆学季刊	1934 年第 8 卷第 1 期
冷	时论撮要：中国文化与中国书籍	图书馆学季刊	1934 年第 8 卷第 1 期
冷	时论撮要：四库全书收录闽士著述总目（薛澄清）	图书馆学季刊	1934 年第 8 卷第 1 期
冷衷	河北省立师范学院图书馆新筑	图书馆学季刊	1934 年第 8 卷第 1 期
冷	时论撮要：金石学大纲（顾鼎梅）	图书馆学季刊	1934 年第 8 卷第 2 期

续表

署名	文章名	报刊名	期数
冷	时论撮要：民众图书馆图书分类法的检讨	图书馆学季刊	1934年第8卷第2期
绮	时论撮要：栖霞牟默人先生著述考	图书馆学季刊	1934年第8卷第2期
章	时论撮要：曲海总目提要坊本传奇汇考子目综合索引（颖陶）	图书馆学季刊	1934年第8卷第2期
冷	时论撮要：民众图书馆图书陈列法之研究	图书馆学季刊	1934年第8卷第2期
冷	时论撮要：小说专名考释（孙楷第）	图书馆学季刊	1934年第8卷第2期
梅心	年鉴举要	世界日报图书馆周刊	第1期（1935年3月6日）
梅心	年鉴举要	世界日报图书馆周刊	第2期（1935年3月13日）
梅心	年鉴举要	世界日报图书馆周刊	第3期（1935年3月20日）
梅心	年鉴举要	世界日报图书馆周刊	第4期（1935年3月27日）
梅心	年鉴举要	世界日报图书馆周刊	第5期（1935年4月3日）

续表

署名	文章名	报刊名	期数
梅心	年鉴举要	世界日报图书馆周刊	第6期（1935年4月10日）
梅心	年鉴举要	世界日报图书馆周刊	第7期（1935年4月17日）
梅心	年鉴举要	世界日报图书馆周刊	第8期（1935年4月24日）
梅心	儿童图书馆管理法讲演大纲	世界日报图书馆周刊	第26期（1935年8月28日）
慕紫	谈图书馆教育	世界日报图书馆周刊	第29期（1935年9月18日）
李泠衷	一年来中国图书馆事业之回顾	中央军校图书馆月报	第17期
梅心	关于儿童图书馆之论著	图书馆学季刊	1934年第8卷第2期
李文裿	儿童图书馆经营与实际（附表）	图书馆学季刊	1936年第10卷第1期

爨汝僖

爨汝僖（1893～?），字颂生，四川宜宾人。北洋客籍学堂毕业，曾任天津图书馆编目员。1919年3月进入京师图书馆工作，任目录课馆员。1926年到北京图书馆工作（后更名北平北海图书馆），任采访科科员。1929年8月该馆与国立北平图书馆合并后，先后任国立北平图书馆采访部中文采访组组员兼参考组、阅览组组员，金石组组员等职。抗战期间，先后在馆昆明办事处任中文文书、总务组组员，上海办事处编纂兼文书、编纂兼总务主任等。新中国成立后，曾任北京图书馆中文采访组组长，在馆工作至1958年退休。

专书

署名	书名	出版者	出版年
爨汝僖编	两石斋丛钞	抄本，绿丝栏	民国间（1912～1949）

单篇文章

署名	文章名	报刊名	期数
颂生	《孝经》集目	中华图书馆协会会报	1928年第4卷第2期
颂生	近两年来出版之国学书籍简目	中华图书馆协会会报	1928年第4卷第3期
颂筠（爨汝僖、邓衍林）	古兵书集目	读书月刊（北平）	1933年第2卷第10期

吴宝彝

吴宝彝，生卒年不详。1919年11月至1920年12月，任京师图书馆目录课馆员。

单篇文章

署名	文章名	报刊名	期数
吴宝彝	文苑：诗：题尊农十年说梦图	小说月报（上海1910）	1919年第10卷第7期

范腾端

范腾端（1891～?），字九峰，湖南湘阴人。湖南群治法政专门学校毕业。1920年12月到京师图书馆工作，任典藏科馆员，协助管理普通书室。后任国立北平图书馆金石部馆员。1937年全面抗战爆发后，随同袁同礼南下，先后派在平馆香港办事处、昆明办事处工作，任中文编目组员兼度藏组组员、编纂等。1949年离职。

专书

署名	书名	出版者	出版年
范腾端（编）	国立北平图书馆藏碑目	上海：开明书店	1941年

单篇文章

署名	文章名	报刊名	期数
范腾端	国子监碑目	图书馆学季刊	1931年第5卷第3/4号

续表

署名	文章名	报刊名	期数
范腾端	馆藏李唐墓志目	国立北平图书馆馆刊	1935 年第 9 卷第 3 号
范腾端	馆藏李唐墓志目	国立北平图书馆馆刊	1935 年第 9 卷第 4 号
范腾端	馆藏李唐墓志目	国立北平图书馆馆刊	1935 年第 9 卷第 5 号
范腾端	馆藏李唐墓志目	国立北平图书馆馆刊	1935 年第 9 卷第 6 号
范腾端	国立北平图书馆藏云南碑目初编	图书季刊	1947 年新第 8 卷第 1/2 期

邓高镜

邓高镜，字伯诚，又作博诚，湖南宁远（一说常宁）人，生卒年不详。1921 年 4 月至 1925 年任京师图书馆编辑整理敦煌残卷。曾任教于北京大学、沈阳东北大学，对墨子及佛学颇有研究，著述有《墨经新释》，论文有《释摩诃衍论考》等。

单篇文章

署名	文章名	报刊名	期数
邓高镜讲，蒋维乔记	释摩诃衍论第一次讲演	北京大学日刊	1922 年（1022），《海潮音》第 3 卷第 5 期

续表

署名	文章名	报刊名	期数
邓高镜讲，蒋维乔记	释摩诃衍论	北京大学日刊	1924年（1396），《师大国学丛刊》第1卷第1期

叶觉迈

叶觉迈（1871~1954），字湘南，广东东莞人。清光绪二十七年（1901年）辛丑科补行庚子科文举人。拜康有为为师，同学有梁启超、谭嗣同等维新学派人物。曾受聘筹办东莞初级师范学堂（后改名东莞中学堂），并担任管堂，主理对内对外事务。后参加维新运动，事发后逃往日本留学避难，辛亥革命成功后回国。1921年4月至1922年8月，在京师图书馆任编辑。离馆后任东莞中学校长，倡议编写《东莞县志》并主持编纂工作。后任东莞县明伦堂董事（总办）多年，并在广东省教育会工作及任国民大学古文课教授等职务。还有诗作《庐山》等。

单篇文章

署名	文章名	报刊名	期数
叶觉迈	谒孔林后登岱	昌明孔教经世报	1922年第1卷第3期

陈　垣

陈垣（1880~1971），字援庵，又字圆庵，学名星藩，大名道宗，又名援国，笔名谦益、钱罂、宗、蔚、艳，室名励耘书屋，学者称励耘先生。广东新会人。早年应试不中，改而习医，1910 年毕业于广州光华医学堂。曾创办《时事画报》和《震旦日报》，自为主笔。辛亥革命后，历任北京大学研究所国学门导师、教育部次长、清室善后委员会委员及故宫博物院图书馆馆长。辅仁大学成立后，担任校长职务至 1952 年，同时兼燕京大学、北平师范大学、北京大学教职。其间，于 1922 年 1 ~ 4 月，以教育部次长兼任京师图书馆馆长。1928 年 7 月至 1929 年 2 月，任国立北平图书馆筹备委员会委员，负责该馆的改组筹备工作。1929 年 7 月至 1938 年 6 月，连任国立北平图书馆委员会委员、主任等。抗战胜利后，任中央研究院历史语言研究所研究员、北平研究院历史研究所特约研究员。1948 年当选为中央研究院院士。新中国成立后，任北京师范大学校长，兼中国科学院历史研究所第二所所长、中国科学院哲学社会科学学部委员等职务。陈垣是著名的历史学家、教育家，著作等身，主要有《火祆教入中国考》《摩尼教入中国考》《元也里可温教考》《回回教入中国史略》《二十史朔闰表》《中西回史日历》《敦煌劫余录》《史讳举例》《元典章校补释例》《中国佛教史籍概论》《南宋河北新兴道教考》《四库书目考异》《四库书名录》《四库撰人名录》等。

单篇文章

署名	文章名	报刊名	期数
陈垣	火祆教入中国考	国学季刊	1923 年第 1 卷第 1 号

续表

署名	文章名	报刊名	期数
陈垣	史讳举例	燕京学报	1928 年第 4 期
陈垣	中国史料的整理	史学年报	1929 年第 1 期
陈垣	致叶遐庵医籍考函二则	北平北海图书馆月刊	1929 年第 2 卷第 6 号

马叙伦

马叙伦（1885～1970），字彝初，改字夷初，号石翁、翰香、寒香，晚号石屋老人，别署啸天、啸天生、啸天子，化名丁人俊、马翰荮、张禄、邹翰香、邹华孙，室名啸天庐、天马山房、石屋。浙江杭州（原籍会稽）人。古文字学家、教育家。早年参加同盟会，加入南社，曾任《国粹学报》等编辑。辛亥革命后，历任上海劳动大学校长、清华大学及北京大学教授等职。抗战时期从事抗日活动。1946 年发起组织民主促进会。新中国成立后，历任中央人民政府委员、教育部部长、高教部部长、中国文字改革研究委员会主任、全国政协副主席等职，并任中国民主促进会主席和中国民主同盟中央副主席。1922 年 10～12 月、1924 年 11 月至 1925 年 3 月、1929 年 4～8 月三次以教育部次长兼任京师图书馆馆长。著述有《天马山房书目》《石鼓文疏记》《唐写本经典释文残卷校语补正》《老子校诂》《中国文字之源流与研究方法新倾向》《读吕氏春秋记》《庄子佚文》《庄子义证》等。

专书

署名	书名	出版者	出版年
马叙伦	说文解字研究法	上海：商务印书馆	1929 年

叶渭清

叶渭清（1886～1966），字左文，号俟庵，浙江兰谿（今浙江兰溪）人，清光绪二十九年（1903 年）中举，清末民初先后在钟山书院、钟峰高等小学堂任教。1921 年，任浙江第一师范学校国文教师。1922 年 10 月至 1924 年 4 月，任京师图书馆主任、编辑。1929 年 10 月至 1935 年 2 月任国立北平图书馆编纂委员会委员。在馆期间，着手校订《宋史》，并承担《宋会要》编纂工作。离职后回衢州，继续校订《宋史》。新中国成立后，曾任浙江省第一届政协特邀代表、浙江省文史馆馆员。著有《宋会要校记》《中兴礼书校记》《漱石山房咏史截句序》等。

单篇文章

署名	文章名	报刊名	期数
叶渭清	元椠宋史校记	国立北平图书馆月刊	1929 年第 3 卷第 2 号
叶渭清	元椠宋史校记（续）	国立北平图书馆月刊	1929 年第 3 卷第 3 号

续表

署名	文章名	报刊名	期数
叶渭清	元椠宋史校记（续）	国立北平图书馆月刊	1929 年第 3 卷第 4 号
叶渭清	元椠宋史校记（续）	国立北平图书馆月刊	1929 年第 3 卷第 5 号
叶渭清	元椠宋史校记（续）	国立北平图书馆月刊	1929 年第 3 卷第 6 号
叶渭清	元椠宋史校记（续）	国立北平图书馆馆刊	1930 年第 4 卷第 4 号
叶渭清	嵇康集校记	国立北平图书馆馆刊	1930 年第 4 卷第 2 号
叶渭清	嵇康集校记（续）	国立北平图书馆馆刊	1930 年第 4 卷第 5 号
叶渭清	嵇康集校记（续）	国立北平图书馆馆刊	1931 年第 5 卷第 2 号
叶渭清	嵇康集校记（续）	国立北平图书馆馆刊	1931 年第 5 卷第 3 号
叶渭清	嵇康集校记（续）	国立北平图书馆馆刊	1931 年第 5 卷第 4 号
叶渭清	元椠宋史校记（续）	国立北平图书馆馆刊	1931 年第 5 卷第 1 号
叶渭清	朱子与吕成公书年月考	国立北平图书馆馆刊	1932 年第 6 卷第 1 号
叶渭清	嵇康集校记（续五卷四号）	国立北平图书馆馆刊	1935 年第 9 卷第 6 号
叶渭清	元椠宋史校记（续第五卷第一号）	国立北平图书馆馆刊	1935 年第 9 卷第 3 号

马 廉

马廉（1893～1935），字隅卿，别号平妖堂主人，别署劳久（因排行九，故署），室名不登大雅文库，又室名云雨窗欹枕室、千晋斋，人称雨窗先生，浙江鄞县人。近现代著名藏书家、小说戏曲家。1922年11～12月任京师图书馆录事，1933年12月至1935年2月任国立北平图书馆编纂委员会委员。曾任北平孔德学校总务长，北平师范大学、北京大学教授。著述有《中国小说史》《录鬼簿新校注》《曲录补正》《马隅卿小说戏曲论集》等。

单篇文章

署名	文章名	报刊名	期数
马廉	清平山堂话本与雨窗欹枕集	国立北平图书馆馆刊	1934年第8卷第2号，《大公报图书副刊》第22期（1934年4月14日）

张国淦

张国淦（1876～1959），字乾若，一字仲嘉，号石公，晚号潜园，笔名许由，影射名张国枢。湖北蒲圻人。光绪二十八年（1902年）中举人，任内阁中书。后任黑龙江省调查局总办、财政局会办，又调京任统计局副局长。辛亥革命后，历任铨叙局局长，国务院秘书长，内务次长，教育、农商、司法总长，黑龙江省省长，平政院院长等职。1922 年 12 月至 1924 年 4 月任京师图书馆馆长。1926 年去职居天津。“七七事变”后迁沪，1946 年任《文汇报》董事长。晚年专事著述，精地方志、交通史。新中国成立后，任上海文史馆馆员、北京市政协委员、全国政协委员。著述有《辛亥革命史料》《中国古方志考》《历代石经考》《中国书装源流》《俄罗斯东渐史略》及《黑龙江志略》等。

专书

署名	书名	出版者	出版年
张国淦续辑，（清）张康逊原辑	湖北书征存目	湖北：蒲圻张氏	1922 年
（宋）郑獬撰，张国淦校勘	郧溪集：二十八卷补遗一卷续补遗一卷校勘记一卷	湖北先正遗书：七十二种/卢靖辑：沔阳卢靖慎始基斋	1923 年

马　准

马准（1887～1943），字绳甫，号太玄，别名太玄居士、马七。浙江鄞县人。1924 年 4 月到京师图书馆工作，任编辑，庋藏科写经室办事等。1927 年 8 月应顾颉刚邀请至广州中山大学，负责图书馆工作。1933 年 9 月至 1935 年 3 月再次任职国立北平图书馆，为中文编目组馆员。后任北京大学教授，教授文字学和目录学。著述有《万斯同之生平及其著述》《黄宗羲之生平及其著作》《关于郑成功历史研究的材料》《清史稿艺文志校勘记》《中印民间故事的比较》《关于中国风俗材料书籍的介绍》等。

单篇文章

署名	文章名	报刊名	期数
太玄	读《全祖望先生年谱》	燕京大学图书馆报	1934 年第 62 期
马太玄	校雠学之意义及其历史	中华图书馆协会会报	1935 年第 10 卷第 6 期

陈任中

陈任中（1875～1945），号仲骞，一作仲谦，晚号耐叟。江西赣州（一作赣县）人。光绪二十八年（1902 年）举人。任教京师大学堂检查官。1912 年任北京政府教育部佥事，后任秘书、参事。1925 年 8 月至 1926 年 7 月兼署教育部次长，其间于 1925 年 8～12 月兼任京师图书馆馆长。1931 年 9 月至 1935 年 3 月被聘为国立北平图书馆特约编纂员。“九一八”事变后，任行政院参议兼全国经济委员会教育教导员，1943 年任赣县县志馆馆长等。著述有《庄子释义》《中国通史编纂凡例》《国乐旧谱今释》《尊光阁诗集》等。

专书

署名	书名	出版者	出版年
陈任中（编）	国立北平图书馆藏丛书总目首笔检字表	北平：国立北平图书馆	1934 年

单篇文章

署名	文章名	报刊名	期数
陈任中	校辑吕注庄子义序	国立北平图书馆馆刊	1933年第7卷第6号；《青鹤》1934年第2卷第5期
陈任中	国立北平图书馆藏丛书总目检字叙例	国立北平图书馆馆刊	1934年第8卷第3号

梁启超

梁启超（1873～1929），字卓如，又字卓儒，号任公，又署新会梁氏，别号任甫、任父、沧江、秩赐。自号饮冰室主人。室名双涛园、自由斋、如晦庵（自号如晦庵主人）、饮冰室、揽翠山房。影射名颜秩回、梁超回、梁卓、梁超如、龙公。广东新会人。17岁中举，1890年拜康有为为师。1895年进京会试，随康发动“公车上书”，主张变法。参加强学会，任上海《时务报》主笔。戊戌政变后逃亡日本，主编《清议报》，创办《新民丛报》，宣传保皇立宪主张，与《民报》开展论战。1913年回国，出任共和党首领，组织进步党，曾任北京政府司法总长。后与蔡锷组织护国军反对袁世凯称帝。嗣又组织宪法研究会，任财政总长。1920年赴欧考察归国后，主要从事讲学、著述和文化活动。晚年在清华研究院讲学。他积极倡导图书馆事业，1923年在北京北海建立松坡图书馆，出任馆长。1925年中华图书馆协会成立，任董事部部长。1925年12月任国立京师图书馆馆长，1926年3月任北京图书馆馆长。1927年因健康原因辞去两馆馆长职务，致力于《中国图书大辞典》的编撰。1929年病逝于北平。其著作涉及政治、哲学、经济、历史、语言、宗教及文化艺术、文字音韵、目录学等。在书目分类方面的著述有《西学书目表》《西书提要》《东籍月旦》《国学入门书要目及其读法》《要籍解题及其读法》《佛家经录在中国目录学之位置》《汉书艺文志诸子略考释》《汉书艺文志诸子略各书存佚真伪表》《中国图书大辞典·簿录之部·官录及史志》等。

专书

署名	书名	出版者	出版年
梁启超	中国近三百年学术史	上海：民志书店	1926年
梁启超	乙丑重编饮冰室文集（五集八十卷）	上海：中华书局	1926年

单篇文章

署名	文章名	报刊名	期数
梁任公	题宋石门罗汉画像（诗词）	晨报副刊	1925年10月1日
梁任公	浣溪沙：乙丑端节前三日公园坐月（诗词）	晨报副刊	1925年10月5日
梁任公	题宋石门罗汉画像（四）（诗词）	晨报副刊	1925年10月5日

续表

署名	文章名	报刊名	期数
梁任公	虞美人（诗词）	晨报副刊	1925 年 10 月 5 日
梁启超	佛教教理概要	晨报副刊	1925 年 11 月 28 日
梁启超	佛教教理概要	晨报副刊	1925 年 12 月 7 日
梁启超	如何才能完成“国庆”的意义	清华周刊	1925 年第 24 卷第 6 号、第 7 号
梁启超	龙游县志叙	清华周刊	1925 年第 24 卷第 12 号
梁启超	印度之佛教	清华周刊	1925 年第 24 卷第 12 号、第 13 号
梁启超	佛教教理概要	晨报副刊	1925 年 12 月 9 日
梁启超	佛教教理概要	晨报副刊	1925 年 12 月 10 日
梁启超	佛教教理概要	晨报副刊	1925 年 12 月 12 日
梁启超	余越园龙游县志序	晨报副刊	1925 年 12 月 14 日
梁启超	中国都市小史（附表）	晨报七周年增刊	1925 年第 12 月期
梁任公讲演	如何造成一个学者	国闻周报	1925 年第 2 卷第 37 期
梁任公讲演	读书法	国闻周报	1925 年第 2 卷第 44 期
梁任公讲演	读书法（续）	国闻周报	1925 年第 2 卷第 45 期
梁任公讲演	政治家之修养：梁任公在清华政治学研究会讲	国闻周报	1925 年第 2 卷第 50 期

续表

署名	文章名	报刊名	期数
梁启超	中国奴隶制度	清华学报	1925 年第 2 卷第 2 期
梁启超	要籍解题及其读法	清华学校刊本	见《梁启超著述编年》
梁任公讲演，周传儒记	指导之方针及选择研究题目之商榷：九月十三日为研究院同学讲	清华周刊	1925 年第 24 卷第 4 号
梁任公讲演，周传儒记	指导之方针及选择研究题目之商榷（续）：九月十三日为研究院同学讲	清华周刊	1925 年第 24 卷第 5 号
梁任公讲演，吴其昌记	读书法	清华周刊	1925 年第 24 卷第 9 号
梁任公讲演，吴其昌记	读书示例：荀子（未完）	清华周刊	1925 年第 24 卷第 11 号
梁任公讲演，吴其昌记	读书示例：荀子（续）	清华周刊	1925 年第 24 卷第 13 号
梁启超	印度之佛教	清华周刊	1925 年第 24 卷第 13 号
梁启超	国产之保护及奖励	清华周刊	1925 年第 24 卷第 14 号
梁启超	国产之保护及奖励	清华周刊	1925 年第 24 卷第 15 号

续表

署名	文章名	报刊名	期数
梁启超	国产之保护及奖励	清华周刊	1925 年第 24 卷第 16 号
梁任公讲演	政治家之修养	清华周刊	1925 年第 24 卷第 16 号
梁任公	中国近三百年学术史（续）	史地学报	1925 年第 3 卷第 5 期
梁任公	中国近三百年学术史（续）	史地学报	1925 年第 3 卷第 6 期
梁任公	中国近三百年学术史（续）	史地学报	1925 年第 3 卷第 7 期
梁任公	中国近三百年学术史（续）	史地学报	1925 年第 3 卷第 8 期
梁启超	中国考古学之过去及将来：欢迎瑞典皇太子演说辞	晨报副刊：社会	1926 年第 53 期
梁启超	为改约问题敬告友邦：特别对日本表示诚挚的希望	上海总商会月报	1926 年第 6 卷第 11 期，《兴华》第 23 卷第 47 期
梁启超	古诗十九首之研究	实学	1926 年第 2 期
梁启超	汉志诸子略各书存佚真伪表	实学	1926 年第 3 期
梁启超	汉书艺文志诸子略考释序	清华周刊	十五周年纪念增刊（1926）

续表

署名	文章名	报刊名	期数
梁启超	国产之保护及奖励	清华周刊	1925 年第 24 卷第 14 号
梁启超	韩非子显学篇释义	弘毅（北京）	1926 年第 1 卷第 1 期
梁启超	尸子广泽篇吕氏春秋不二篇合释	弘毅（北京）	1926 年第 1 卷第 2 期
梁启超	朱舜水先生言行杂记	弘毅（北京）	1926 年第 1 卷第 5 期
梁启超	奉怀南海先生星加坡兼请东渡二首（录一）：诗词	辽东诗坛	1926 年第 13 期
梁启超	庚戌岁暮感慨六首（录一）：诗词	辽东诗坛	1926 年第 18 期
梁启超	佛家经录在中国目录学之位置（附表）	图书馆学季刊	1926 年第 1 卷第 1 期
梁启超	释“四诗”名义	小说月报（上海 1910）	1926 年第 17 期（号外上）
梁启超	祭康南海先生文	学衡	1926 年第 59 期
梁启超	曾刚父诗集序	学衡	1926 年第 59 期
梁启超	汉书艺文志诸子略考释	未刊	见《饮冰室合集》
梁启超	考诸子略现存书目	未刊	见《饮冰室合集》

续表

署名	文章名	报刊名	期数
梁启超	庄子天下篇释义（未完）	清华周刊	1926年第24卷第18号
梁任公讲，吴其昌记	读书示例：荀子（未完）	清华周刊	1926年第25卷第3号
梁任公讲，吴其昌记	读书示例：荀子（续）	清华周刊	1926年第25卷第5号
梁任公讲演，周传儒笔记	历史研究法	清华周刊	1926年第26卷第1号
梁任公讲演，周传儒笔记	历史研究法（续）	清华周刊	1926年第26卷第2号
梁任公讲演，周传儒笔记	历史研究法（续）	清华周刊	1926年第26卷第3号
梁任公讲演，周传儒笔记	历史研究法	清华周刊	1926年第26卷第5号
梁任公讲演，周传儒笔记	历史研究法	清华周刊	1926年第26卷第7号
梁任公讲演，周传儒笔记	历史研究法（续）	清华周刊	1926年第26卷第8号
梁任公讲演，周传儒笔记	历史研究法（续）	清华周刊	1926年第26卷第11号
梁任公讲演	民国初年之币制改革	清华周刊	1926年第26卷第11号，《银行杂志》第4卷第8/9期

续表

署名	文章名	报刊名	期数
梁任公讲演，周传儒笔记	儒家哲学	清华周刊	1926 年第 26 卷第 1 号
梁任公讲演，周传儒笔记	儒家哲学（续）	清华周刊	1926 年第 26 卷第 2 号
梁任公讲演，周传儒笔记	儒家哲学	清华周刊	1926 年第 26 卷第 3 号
梁任公讲演，周传儒笔记	儒家哲学（续）	清华周刊	1926 年第 26 卷第 5 号
梁任公讲演，周传儒笔记	儒家哲学（待续）	清华周刊	1926 年第 26 卷第 7 号
梁任公讲演，周传儒笔记	儒家哲学（续）	清华周刊	1926 年第 26 卷第 8 号
梁任公讲演，周传儒笔记	儒家哲学（续）	清华周刊	1926 年第 26 卷第 10 号
梁任公讲演，周传儒笔记	儒家哲学（续）	清华周刊	1926 年第 26 卷第 12 号
梁任公讲演，周传儒笔记	儒家哲学（续）	清华周刊	1926 年第 26 卷第 13 号
梁任公讲演，周传儒笔记	儒家哲学（续）	清华周刊	1926 年第 26 卷第 14 号
梁任公讲演，周传儒笔记	书法指导	清华周刊	1926 年第 26 卷第 9 号
梁任公	中国之都市	史学与地学	1926 年第 1 期

续表

署名	文章名	报刊名	期数
梁任公	我的病与协和医院	晨报副刊	1926 年 6 月 2 日
梁任公	王阳明知行合一之教	晨报副刊	1926 年 12 月 20 日
梁任公	王阳明知行合一之教	晨报副刊	1926 年 12 月 22 日
梁任公讲演，周传儒笔记	蔡松坡与袁世凯	晨报副刊	1926 年 12 月 29 日
梁启超	王阳明知行合一之教	晨报副刊	1927 年 1 月 15 日
梁启超	王阳明知行合一之教	晨报副刊	1927 年 1 月 17 日
梁启超	王阳明知行合一之教	晨报副刊	1927 年 2 月 9 日
梁启超	王阳明知行合一之教	晨报副刊	1927 年 2 月 10 日
梁启超	王阳明知行合一之教	晨报副刊	1927 年 2 月 12 日
梁任公	王阳明知行合一之教（未完）	国学论丛	1927 年第 1 卷第 1 期
梁任公	王阳明知行合一之教（续）	国学论丛	1927 年第 1 卷第 2 期
梁启超	朱舜水先生年谱	实学	1927 年第 7 期
梁任公讲演，周传儒笔记	儒家哲学（未完）	清华周刊	1927 年第 27 卷第 3 号
梁任公讲演，周传儒笔记	儒家哲学	清华周刊	1927 年第 27 卷第 4 号
梁任公讲演，周传儒笔记	社会学在中国方面的几个重要问题研究举例	社会学界	1927 年第 1 期

续表

署名	文章名	报刊名	期数
梁任公（讲演）周传儒记	中西学术研究：学书的向导	青年友	1927 年第 7 卷第 1 期
梁任公	中国之都市（续）	史学与地学	1927 年第 2 期
梁启超	王静安先生墓前悼辞	国学月报	1927 年第 2 卷第 8/9/10 期合刊
梁启超	中国图书大辞典编纂内容概要（原刊没有署名）	中华图书馆协会会报	1927 年第 2 卷第 6 期
梁启超	编辑图书大辞典计画（附表）（原刊没有署名）	中华图书馆协会会报	1927 年第 2 卷第 6 期
梁任公讲演	历史研究法（续）	清华周刊	1928 年第 29 卷第 2 号
梁任公讲演	历史研究法（续）	清华周刊	1928 年第 29 卷第 5 号
梁任公讲演	历史研究法（续）	清华周刊	1928 年第 29 卷第 7 号
梁任公讲演	历史研究法（续）	清华周刊	1928 年第 29 卷第 10 号
梁任公讲演	历史研究法（续）	清华周刊	1928 年第 29 卷第 11 号

袁同礼

袁同礼（1895～1965），字守和，简署和。河北徐水人。1916 年毕业于北京大学后，到清华学校图书馆参考部工作，1917 年代理图书馆主任。1920 年 8 月派赴美留学，1922 年毕业于哥伦比亚大学历史系，获文学士学位。随即进入纽约州立图书馆专科学校（后并入哥伦比亚大学图书馆学院），攻读图书馆学，1923 年毕业，获图书馆学学士学位。1924 年回国，任广东大学图书馆馆长，同年年底任北京大学目录学教授，次年起改兼图书馆馆长，并先后出任故宫博物院理事兼图书馆部主任、北京图书馆协会会长、中华图书馆协会董事、执行部长等。1926 年 3 月应聘至北京图书馆（后改名北平北海图书馆）工作，任图书部主任、副馆长、馆长。1929 年 8 月该馆与国立北平图书馆合并后，任北平图书馆副馆长，兼故宫博物院图书馆副馆长。“七七事变”后，率馆内部分职员南下，于 1938 年 3 月与西南联合大学合办联大图书馆，并兼任馆长，后辞去该职务，专在昆明馆本部主持全馆工作。1943 年 4 月，由教育部任命为北平图书馆馆长。1945 年 5 月获美国匹兹堡大学法学博士名誉学位。1949 年 2 月由沪乘轮赴美，先在美国国会图书馆任职，1951 年任斯坦福大学研究所编纂主任。1957 年复入美国国会图书馆，从事编目工作。1965 年逝世于华盛顿。他毕生献身于图书馆事业，勤于著述。去美后的著述有《西文汉学书目》《俄文汉学书目》《中国经济社会发展史目录》《中国留美同学博士论文目录》《中国留英同学博士论文目录》《中国留欧大陆各国博士论文目录》等。

专书

署名	书名	出版者	出版年
袁同礼	永乐大典现存卷目表	北平：国立北平图书馆	1932 年
袁同礼主编	Library in China（《中国之图书馆》）	北平：中华图书馆协会	1935 年
袁同礼（编）	国立北平图书馆现藏海外敦煌遗籍照片总目	北平：国立北平图书馆	1940 年

单篇文章

署名	文章名	报刊名	期数
袁同礼	清代私家藏书概略	图书馆学季刊	1926 年第 1 卷第 1 期
袁同礼、刘复	关于林语堂图书馆索引新法之通讯二则	图书馆学季刊	1926 年第 1 卷第 2 期
袁同礼	杨惺吾先生小传	图书馆学季刊	1926 年第 1 卷第 4 期
袁同礼、刘国钧	永乐大典现存卷数续目	中华图书馆协会会报	1927 年第 2 卷第 4 期
袁同礼	永乐大典现存卷数续目	中华图书馆协会会报	1927 年第 3 卷第 1 期

续表

署名	文章名	报刊名	期数
袁同礼	中国加入国际交换出版品协约之经过	中华图书馆协会会报	1927年第3卷第3期
袁同礼	明代私家藏书概略	图书馆学季刊	1927年第2卷第1期
袁同礼	老子考序	载王重民著《老子考》	北平：中华图书馆协会1927年
袁同礼	本馆略史	北京图书馆月刊	1928年第1卷第1号
袁同礼	宋代私家藏书概略	图书馆学季刊	1928年第2卷第2期
袁同礼	通论：皇史宬记（附照片）	图书馆学季刊	1928年第2卷第3期
袁同礼	中国音乐书举要	中华图书馆协会会报	1928年第3卷第4期；《音乐杂志》第1卷第1期、第2期
袁同礼	评范志熙四库全书总目韵编	中华图书馆协会会报	1928年第3卷第5期
袁同礼	评李小缘中国图书馆计划书	中华图书馆协会会报	1928年第3卷第5期
和	荷兰图书馆参观记	中华图书馆协会会报	1928年第4卷第1期
袁同礼	西人关于国乐之著作	音乐杂志（北京1928）	1928年第1卷第3期

续表

署名	文章名	报刊名	期数
T. L. Yuan	Preface to "Libraries in China"（《中国之图书馆·前言》）	*Libraries in China*	Peiping：Library Association of China，1929
袁同礼	近十年来国际目录事业之组织	北大图书部月刊	1929 年第 1 卷第 1 期
袁同礼	永乐大典现存卷目表	北平北海图书馆月刊	1929 年第 2 卷第 3/4 号
袁同礼	永乐大典现存卷数表续记	国立北平图书馆月刊	1929 年第 3 卷第 4 号
袁同礼	永乐大典现存卷数表再补	国立北平图书馆月刊	1929 年第 3 卷第 5 号
袁同礼	永乐大典现存卷数表再补	国立北平图书馆馆刊	1930 年第 4 卷第 2 期
袁同礼	永乐大典现存卷数表三补	国立北平图书馆馆刊	1930 年第 4 卷第 4 期
袁同礼	宛委别藏现存书目	北大图书部月刊	1930 年第 2 卷第 1/2 期合刊
袁同礼	北平故宫博物院图书馆概况（民国十九年五月）	图书馆学季刊	1930 年第 4 卷第 2 期
和	民国十九年来出版之地志书简目	中华图书馆协会会报	1930 年第 6 卷第 2 期
袁同礼	国立北平图书馆概况（民国二十年六月）	图书馆学季刊	1931 年第 5 卷第 2 期

续表

署名	文章名	报刊名	期数
袁同礼	国立北平图书馆之使命	北平晨报·学园	第120期（1931年6月24日）；《中华图书馆协会会报》1930年第6卷第6期
T. L. Yuan	Preface to " Union catalogue of books in European languages in Peiping libraries "（《北平各图书馆藏西文书联合目录序》）	*Union catalogue of books in European languages*	1931年 *Peiping libraries.* edited by the National library of Peiping. Publshed by the National library of Peiping and the National Academy of Peiping
袁同礼	国立北平图书馆概况	浙江省立图书馆月刊	1932年第1卷第2期
袁同礼	近三年来发见之永乐大典	读书月刊（北平）	1932年第1卷第6期
袁同礼	永乐大典存目	国立北平图书馆馆刊	1932年第6卷第1号
袁同礼	宛委别藏现存书目及其板本	图书馆学季刊	1932年第6卷第2期
袁同礼	关于图书集成之文献	图书馆学季刊	1932年第6卷第3期

续表

署名	文章名	报刊名	期数
袁同礼	《现代德国印刷展览目录》序	中华图书馆协会会报	1933年第9卷第3期，《印刷画报》1934年（创刊号）
T. L. Yuan	Postface to "Union Catalogue of Manchu Books in the National Library of Peiping and the Library of the Palace Museum"（《国立北平图书馆、故宫博物院图书馆满文书籍联合目录跋》）	1933年6月20日，见该书	国立北平图书馆、故宫博物院图书馆，1933年
袁同礼	清季外交史料序	载王彦威辑、王亮编原书	北平外交史料编纂处1933年
袁同礼	关于永乐大典之文献	国立北平图书馆馆刊	1933年第7卷第1号
袁同礼	永乐大典现存卷目表	国立北平图书馆馆刊	1933年第7卷第1号（印有单行本）
袁同礼	观海堂书目序	图书馆学季刊	1933年第7卷第1期

续表

署名	文章名	报刊名	期数
袁同礼	北平图书馆方志目录序	图书馆学季刊	1933 年第 7 卷第 2 期；载谭其骧原书（国立北平图书馆 1933 年）
袁同礼、向达	选印四库全书平议	北平晨报·学园	1933 年 8 月 14 日；《读书月刊（北平）》1933 年第 2 卷第 12 期，《国风半月刊》1933 年第 3/4 期
袁同礼	四库全书中永乐大典辑本中之缺点	北平晨报·学园	1933 年 8 月 18 日；《国立北平图书馆馆刊》1933 年第 7 卷第 5 号
袁同礼	景印四库全书罕传本拟目序	国立北平图书馆馆刊	1933 年第 7 卷第 5 号
袁同礼	影印四库全书往来笺（与张元济）	青鹤	1933 年第 1 卷第 20 期
袁同礼（启）	袁同礼致时代公论记者书	国风（南京）	1933 年第 3 卷第 6 期
袁同礼	赴欧美考察图书馆之经过	北平华北日报	1934 年 12 月 10～11 日

续表

署名	文章名	报刊名	期数
袁同礼	发展图书馆事业计划	北平华北日报	1934 年 12 月 19 日
袁同礼	十年来国际图书馆博物院发展概况（上）	益世报	1934 年 12 月 22 日
袁同礼	十年来国际图书馆博物院发展概况（下）	益世报	1934 年 12 月 23 日；《天津市市立通俗图书馆月刊》1935 年第 7～9 期合刊
袁同礼	现代英国印刷展览目录序	中华图书馆协会会报	1935 年第 11 卷第 3 期；《民众日报图书特刊》第 11 期（1935 年 12 月 11 日）
袁同礼	关于举办现代英国印展	益世报	1935 年 12 月 6 日第 4 版
袁同礼	北平图书馆善本书目乙编序	图书馆学季刊	1935 年第 9 卷第 3/4 期（另载赵孝孟编原书，国立北平图书馆 1935 年）

续表

署名	文章名	报刊名	期数
袁同礼（演讲）	欧美图书馆之新趋势	文华图书馆学专科学校季刊	1935年第7卷第1期
袁守和讲演	欧游见闻：中国与国际文化之关系	中华季刊	1935年第3卷第1期
袁同礼讲	十年来欧美文化事业之进展	磐石杂志	1935年第3卷第2期
袁同礼讲，维民（记）	近十年来欧美文化事业之发展	骨鲠	1935年第51期
T. L. Yuan	Foreword to "Exhibition of modern American printing: a catalogue"（《现代美国印刷展览目录序》）	*Exhibition of modern American printing: a catalogue*	Peiping: National library of Peiping, 1935
T. L. Yuan	Foreword to "Exhibition of modern British printing: a catalogue"（《现代英国印刷展览目录序》）	*Exhibition of modern British printing: a catalogue*	Peiping: National library of Peiping, 1935
T. L. Yuan	Foreword to "Libraries of China"（《中国之图书馆前言》）	*Libraries of China*	Peiping: Library Association of China 1935
袁同礼	科学新闻：博物馆图书馆联合年会	科学	1936年第20卷第8期

续表

署名	文章名	报刊名	期数
袁同礼	现代中国作家笔名录序	载袁涌进编原书	北平中华图书馆协会，1936 年
袁同礼	中华图书馆协会中国博物馆协会联合年会指南	中华图书馆协会会报	1936 年第 11 卷第 6 期
袁同礼	关于膺白先生参加华盛顿会议之回忆	载金问泗等著《黄膺白先生故旧感忆录》	上海：黄膺白先生纪念刊编辑委员会，1937 年，第 114 ~ 118 页
T. L. Yuan	Preface to " Japans aggression and public opinion"（《日本的侵略和舆论前言》）	*Japans aggression and public opinion*, compiled and published by the National Southwest Associated University Library	kunming, Yunnan, 1938. p. iiiiv.
袁同礼	我国艺术品流落欧美之情况	滕固编《中国艺术论丛》	长沙：商务印书馆，1938 年
袁同礼	永乐大典现存卷目表	图书季刊	1939 年新第 1 卷第 3 期
袁同礼	国立北平图书馆现藏海外敦煌遗籍照片总目	图书季刊	1940 年新第 2 卷第 4 期

续表

署名	文章名	报刊名	期数
T. L. Yuan	Editorial comment (《图书季刊》英文本前言)	*Quarterly Bulletin of Chinese Bibliography* (English edition)	New series, v. 1, nos. 1, 1940
T. L. Yuan	Editorial comment	*Quarterly Bulletin of Chinese Bibliography* (English edition)	New series, v. 1, nos. 2, 1940
T. L. Yuan	Editorial comment	*Quarterly Bulletin of Chinese Bibliography* (English edition)	New series, v. 1, nos. 3, 1940
T. L. Yuan	Editorial comment	*Quarterly Bulletin of Chinese Bibliography* (English edition)	New series, v. 2, nos. 4, 1940
T. L. Yuan	Editorial comment	*Quarterly Bulletin of Chinese Bibliography* (English edition)	New series, v. 2, nos. 1/2, 1941
T. L. Yuan	Editorial comment	*Quarterly Bulletin of Chinese Bibliography* (English edition)	New series, v. 3, nos. 1/2, 1943

续表

署名	文章名	报刊名	期数
T. L. Yuan	Editorial comment	*Quarterly Bulletin of Chinese Bibliography* (English edition)	New series, v. 3, nos. 3/4, 1943
T. L. Yuan	In Memoriam: Dr. Tsai Yuan - Pei 蔡元培，1868—1940	*Quarterly Bulletin of Chinese Bibliography*	New series, v. 1, nos. 1, 1940
袁同礼	国立北平图书馆藏碑目（墓志类）跋	载范腾端原书	上海：开明书店，1941 年
袁同礼	抗战期中我国博物馆之动态与前途	中国博物馆协会会报	1941 年，复第 1 卷第 1 期
袁同礼	石刻题跋索引序	载杨殿珣原书	长沙：商务印书馆，1940 年
袁同礼	如何发扬我国之艺术	社会教育季刊（重庆）	1943 年第 1 卷第 2 期
袁同礼	国立北平图书馆概况	社会教育季刊（重庆）	1943 年第 1 卷第 4 期
袁同礼	南美各国最近动态及其与中国之关系	今日文选	1943 年第 1 期
袁同礼	中华图书馆协会之过去、现在与将来	中华图书馆协会会报	1944 年第 18 卷第 4 期；《中央日报》1944 年 5 月 5 日第 6 版

续表

署名	文章名	报刊名	期数
袁同礼	朱逷先先生与目录学	文史杂志	1945 年第 5 卷第 11/12 期
袁同礼	海外中国铜器图录序	载陈梦家原书	上海：商务印书馆，1946 年
T. L. Yuan	Sinological Literature in German, 1939 – 1944: A selected Bibliography (《1939 ~ 1944 年德文汉学著作节选》)	*Quarterly Bulletin of Chinese Bibliography*	New series, v. 1, nos. 1 – 4, 1947
袁同礼	出版法修正草案意见书	报学杂志	1948 年试刊号（8）

茅乃文

茅乃文（1908 ~ ?），号攸也、茨阁，浙江杭县人（今杭州余杭）。1926 年 3 月到京师图书馆工作，任录事、馆员，管理阅览室收发书籍等。自 1929 年起，任国立北平图书馆舆图部馆员。1938 年离职。编著有《中国河渠水利工程书目》，合编有《中国水利图书提要》《国立北平图书馆中文舆图目录》及续编、《中国地学论文索引》及续编等。

专书

署名	书名	出版者	出版年
茅乃文（编）	中国河渠水利工程书目	北平：国立北平图书馆	1935 年
茅乃文（译）	乾隆帝东巡道里考	北平：青梅书店	1933 年
茅乃文补辑	存素堂入藏图书河渠之部目录	北平：国立北平图书馆	1936 年

单篇文章

署名	文章名	报刊名	期数
攸也（译）	乾隆帝东巡道里考：附表	读书月刊（北平）	1933 年第 2 卷第 8 期
攸也（译）	乾隆帝东巡道里考	读书月刊（北平）	1933 年第 2 卷第 9 期
茅乃文	中国河渠图书目录自序	世界日报图书馆周刊	第 9 期（1935 年 5 月 1 日）
乃文	中国营造学社特种图书分类表	世界日报图书馆周刊	第 68 期（1936 年 6 月 17 日）
茅乃文	重印河防一览跋	世界日报图书馆周刊	第 88 期（1936 年 11 月 11 日）
茅乃文	中国河渠书提要	水利	1936 年第 11 卷第 1 期
茅乃文	中国河渠书提要（二）	水利	1936 年第 11 卷第 2 期

续表

署名	文章名	报刊名	期数
茅乃文	中国河渠书提要（三）	水利	1936 年第 11 卷第 3 期
茅乃文	中国河渠书提要（四）	水利	1936 年第 11 卷第 4 期
茅乃文	中国河渠书提要（五）	水利	1936 年第 11 卷第 5 期
茅乃文	中国河渠书提要（六）	水利	1936 年第 12 卷第 1 期
茅乃文	中国河渠书提要（七）	水利	1936 年第 12 卷第 2 期
茅乃文	中国河渠书提要（八）	水利	1936 年第 12 卷第 3 期
茅乃文	中国河渠书提要（九）	水利	1936 年第 12 卷第 4 期
茅乃文	中国河渠书提要（十）	水利	1936 年第 12 卷第 5 期
茅乃文	中国河渠书提要（十一）	水利	1936 年第 12 卷第 6 期
茅乃文	中国河渠书提要（十二）	水利	1937 年第 13 卷第 1 期
茅乃文	中国河渠书提要（十三）	水利	1937 年第 13 卷第 2 期
茅乃文	中国河渠书提要（十四）	水利	1937 年第 13 卷第 3 期
茅乃文	中日文化之提携与图书馆	远东贸易月报	1938 年第 1 卷第 10 期

蒋复璁

蒋复璁（1898～1990），字美如，号慰堂，别号未唐，室名珍帚斋，浙江海宁人。中国图书馆学家。1924 年毕业于北京大学哲学系。在校期间曾参加北平松坡图书馆的图书编目工作。1926 年 7 月到北京图书馆（后改名北平北海图书馆）工作，任馆员，1929 年 8 月该馆与国立北平图书馆合并后，任国立北平图书馆编纂兼中文编目组组长。1930 年 7 月离职，到德国柏林大学图书馆学研究所学习，并兼任德国普鲁士国家图书馆客座馆员。1932 年 7 月毕业。回国后，任国民政府国立编译馆专任编审。1933 年任中央图书馆筹备处主任，负责中央图书馆建馆工作。抗日战争期间，亲赴沦陷区的上海收购散失在社会上的珍刊名抄，防止国宝外流。1949 年去香港，后赴台湾，任台北"中央图书馆"馆长。1965 年 7 月兼任台北故宫博物院院长。1966 年辞去"中央图书馆"馆长职务，专任台北故宫博物院院长，1983 年退休。任台湾"中央研究院"院士、故宫博物院管理委员会常务委员。著述有《图书馆管理法》《图书与图书馆》《珍帚斋文集》等，参加主编《徐志摩全集》《蒋百里先生全集》。

单篇文章

署名	文章名	报刊名	期数
蒋复璁	论语集目	中华图书馆协会会报	1926 年第 2 卷第 1 期
蒋复璁	孟子集目	中华图书馆协会会报	1926 年第 2 卷第 2 期

续表

署名	文章名	报刊名	期数
蒋复璁	四书集目	中华图书馆协会会报	1927 年第 2 卷第 4 期
慰	书评：读《图书馆组织与管理》	中华图书馆协会会报	1927 年第 3 卷第 1 期
蒋复璁	庄子考辨	图书馆学季刊	1927 年第 2 卷第 1 期
蒋复璁	易经集目	中华图书馆协会会报	1928 年第 4 卷第 3 期
蒋复璁	关于中文编目之通讯	北京图书馆月刊	1928 年第 1 卷第 3 号
慰	新书介绍：别下斋与渊芬草堂	北平北海图书馆月刊	1928 年第 1 卷第 5 号
慰	易经集目（续四卷三期）	中华图书馆协会会报	1929 年第 5 卷第 1/2 期合刊
蒋复璁	中国图书分类问题之商榷（附表）	图书馆学季刊	1929 年第 3 卷第 1/2 期

汪长炳

汪长炳（1904～1988），字文焕，湖北汉川人。1926 年 6 月毕业于武昌华中大学文化图书科，获文学学士学位，同年 7 月进入北京图书馆（后改名北平北海图书馆）工作，任馆员、参考科科长。1929 年 8 月该馆与国立北平图书馆合并后，任国立北平图书馆编纂部西文编目组组员兼阅览部参考组组长。1932 年 8 月由馆资送留美，在美国哥伦比亚大学图书馆学研究院选修图书馆学，并任职于哥大图书馆中文部。1934 年获图书馆学硕士学位，同年 7 月由馆派赴美国国会图书馆东方部工作。1935 年 5 月，代表中华图书馆协会出席在西班牙马德里举行的国际图联第二届大会。1936 年 9 月回国后，受聘武昌文华图书馆学专科学校，任教授兼教务主任。1940 年应聘至四川璧山国立社会教育学院，筹建我国第一个图书博物馆学系。1941 年任该院图博系教授、系主任兼院图书馆主任，仍担任文华教职。1942 年赴贵阳，协助国立贵州大学图书馆之成立，后仍回教育学院任职。1944 年辞文华教职，专在教育学院任职，直至新中国成立。1950～1952 年任无锡教育学院图书馆主任，1953 年调任苏州图书馆副馆长，1955 年任南京图书馆副馆长，1957 年任馆长，1984 年起任名誉馆长。论著有《图书馆教育在都市社会中之重要》《图书馆与社会》《今后图书馆博物馆教育事业的展望》《图书馆教育与新中国之建设》《图书馆教育与民主政治》《利用图书推行基本教育》等。

专书

署名	书名	出版者	出版年
汪长炳	馆藏西文参考书目录	北平：国立北平图书馆	1933 年

单篇文章

署名	文章名	报刊名	期数
汪长炳	浦拉德先生著作集目（英文）	图书馆学季刊	1929 年第 3 卷第 3 期

严文郁

严文郁（1904～2005），字绍诚，湖北汉川人。1925 年毕业于武昌华中大学文华图书馆专科学校，同年经韦棣华女士推荐，进入北京大学图书馆任西文书编目员。1926 年 7 月应聘到北京图书馆（后改称北平北海图书馆）工作，任馆员、组长。1929 年 8 月该馆与国立北平图书馆合并后，任国立北平图书馆编纂部西文编目组组长。1930 年作为交换馆员赴美，在哥伦比亚大学工作、进修。1932 年毕业，获图书馆学硕士学位，同年被派赴德国见习一年。1933 年归国，回北平图书馆复职，任编纂部主任兼阅览部主任、馆编纂委员会委员。1935 年，改聘北京大学图书馆主任，仍兼国立北平图书馆购书委员会西文组委员至 1938 年。抗战全面爆发后随校南迁，与袁同礼合办国立西南联合大学图书馆，1938 年任西南联大图书馆主任。1943 年辞西南联大图书馆主任职，受平馆聘，任总务兼采访部主任，同年应聘为国立社会教育学院图书博物系教授。1944 年辞平馆及国立社会教育学院职务，应聘天府盐业公司。1946 年 6 月，任国立罗斯福图书馆筹备委员会秘书兼筹备主任。1949 年到联合国图书馆工作，1962 年任编目科长。1964 年自联合国图书馆退休，到俄亥俄州立大学图书馆工作。1977 年，由台湾辅仁大学图书馆系延聘为专任教授，并应聘担任汉学研究资料暨服务中心委员兼顾问。1984 年，被台湾大学聘为兼任教授。1985 年自台湾辅仁大学退休后寓居美国。主要著述有《中国书籍简史》《中国图书馆发展史：自清末至抗战胜利》《美国图书馆名人略传》《清儒传略》《论比较图书馆学》《抗战建国期中的图书馆事业》《图书馆发展的方向与前途》《国立罗斯福图书馆筹备纪实》《世界各国国立图书馆概况》等，多收录于《严文郁先生图书馆学论文集》。

单篇文章

署名	文章名	报刊名	期数
严文郁	美国国会图书馆及其分类法	图书馆学季刊	1929 年第 3 卷第 4 期
严文郁	美国图书馆概况	图书馆学季刊	1931 年第 5 卷第 3/4 期
严文郁	美国之华文报纸	中华图书馆协会会报	1932 年第 7 卷第 5 期
严文郁（译）	英国民众图书馆概况（柯勒）	文华图书馆学专科学校季刊	1934 年第 6 卷第 2 期
严文郁（译）	德意志公共图书馆（毕尔）	文华图书馆学专科学校季刊	1934 年第 6 卷第 2 期
严文郁（译）	德意志学生图书馆（俄勒）	文华图书馆学专科学校季刊	1934 年第 6 卷第 2 期

续表

署名	文章名	报刊名	期数
严文郁	何以阅览人不满意图书馆	文华图书馆学专科学校季刊	1934 年第 6 卷第 4 期
严文郁	德国联合目录概述	图书馆学季刊	1934 年第 8 卷第 3 期
严文郁	佛里慈密尔考先生传略	图书馆学季刊	1934 年第 8 卷第 2 期
严文郁（译）	柏林普鲁士邦立图书馆（爱士德尔）	文华图书馆学专科学校季刊	1935 年第 7 卷第 3/4 期合刊
严文郁（译）	达迪摩大学图书馆新建筑	图书馆学季刊	1935 年第 9 卷第 1 期
严文郁	北京大学图书馆新建筑概略	图书馆学季刊	1935 年第 9 卷第 3/4 期
严绍诚	为提倡读书者进一言	中华图书馆协会会报	1935 年第 10 卷第 5 期
严文郁	世界各国国立图书馆概况	中华图书馆协会会报	1935 年第 11 卷第 3 期
严绍诚（译）	图书馆长的歌德	中华图书馆协会会报	1935 年第 11 卷第 1 期；《世界日报图书馆周刊》第 25 期（1935 年 8 月 21 日）
严文郁	怎样到图书馆看书	木斋图书馆季刊	1937 年创刊号
绍诚	抗战建国期中的图书馆事业	中华图书馆协会会报	1938 年第 13 卷第 1 期

杨维新

杨维新（1887～?），字鼎甫，笔名鼎、鼎甫，广东新会人。留学日本多年，曾任教育部专门教育司主事、科长，盐务学校校长。1926年7月到北京图书馆（后改名北平北海图书馆）工作，任编目科科员。1929年8月该馆与国立北平图书馆合并后，任国立北平图书馆编纂部中文编目组馆员、采访部西文采访组馆员。1935年兼松坡图书馆常务干事。1936年5月转职北宁铁路教育委员会，任教育股主任。

单篇文章

署名	文章名	报刊名	期数
杨维新（译）	日本版本之历史（田中敬）	图书馆学季刊	1929年第3卷第4期
杨维新（译）	日本版本之历史（续）（田中敬）	图书馆学季刊	1930年第4卷第1期
杨维新	公开书架图书阅览法之论据	图书馆学季刊	1930年第4卷第3/4期
杨鼎甫	图书馆之参考事务	读书月刊（北平）	1931年第1卷第1期
鼎	书报介绍：打倒日本（一名支那排日教材集）	读书月刊（北平）	1931年第1卷第2期
鼎	书报介绍：吾人何不能发展于满蒙乎	读书月刊（北平）	1932年第1卷第7期

续表

署名	文章名	报刊名	期数
鼎甫	书报介绍：满蒙问题（黄伦芳译）	读书月刊（北平）	1935 年第 1 卷第 11 期
鼎甫	时论撮要：农村图书馆之研究	图书馆学季刊	1935 年第 6 卷第 1 期
杨维新（译）	中国印刷起源：剑峰遗草首篇（藤田丰八）	图书馆学季刊	1935 年第 6 卷第 2 期
杨维新（译）	新罗真兴王“巡狩管境”碑考（今西龙）	国立北平图书馆馆刊	1935 年第 9 卷第 2 号
杨维新（译）	高丽朝大藏经考（池内宏）	国立北平图书馆馆刊	1936 年第 10 卷第 3 号
杨维新（译）	高丽朝大藏经考（池内宏）	国立北平图书馆馆刊	1936 年第 10 卷第 4 号
杨鼎甫（译）	清代乾隆文化与朝鲜李朝学者之关系（藤塚邻）	正风半月刊	1935 年第 1 卷第 4 期
杨鼎甫（译）	清代乾隆文化与朝鲜李朝学者之关系（藤塚邻）	正风半月刊	1935 年第 1 卷第 5 期
杨鼎甫（译）	清代乾隆文化与朝鲜李朝学者之关系（藤塚邻）	正风半月刊	1935 年第 1 卷第 6 期
杨鼎甫（译）	清代乾隆文化与朝鲜李朝学者之关系（藤塚邻）	正风半月刊	1935 年第 1 卷第 7 期

张增荣

张增荣（1905~?），字绍典，笔名绍、典，北平市人（一说为吉林滨江人，见《图书馆学季刊》1934年第8卷第2期，第344页）。北平民国学院毕业，1926年8月到国立京师图书馆工作，任录事、馆员，负责管理阅览室和收发书籍等。国立北平图书馆成立后，先后任阅览部阅览组、采访部西文采访组、编目部索引组、阅览部庋藏组、中文采访组组员。1945年离职。

单篇文章

署名	文章名	报刊名	期数
典	时论撮要：民众的读书问题	图书馆学季刊	1930年第4卷第1期
典	时论撮要：校勘古书之方法	图书馆学季刊	1930年第4卷第2期
典	时论撮要：民众教育与图书馆	图书馆学季刊	1930年第4卷第2期
典	时论撮要：中学生读书法的训练	图书馆学季刊	1930年第4卷第2期
绍	时论撮要：木兰诗作于韦元甫考	图书馆学季刊	1930年第4卷第3/4期
绍	时论撮要：儿童读物之殷忧	图书馆学季刊	1930年第4卷第3/4期

续表

署名	文章名	报刊名	期数
绍	时论撮要：儿童读物改造之途径	图书馆学季刊	1930 年第 4 卷第 3/4 期
典	时论撮要：胡笳十八拍作于刘商考	图书馆学季刊	1931 年第 5 卷第 1 期
典	时论撮要：拟儿童图书馆书目	图书馆学季刊	1931 年第 5 卷第 1 期
典	时论撮要：乡村中心图书馆的理论和实施	图书馆学季刊	1931 年第 5 卷第 1 期
典	时论撮要：图书馆在教育上的特殊地位	图书馆学季刊	1931 年第 5 卷第 1 期
典	时论撮要：民众图书馆的公开及活用问题	图书馆学季刊	1931 年第 5 卷第 1 期
典	时论撮要：我们的图书馆	图书馆学季刊	1931 年第 5 卷第 3/4 期
绍	时论撮要：怎样办民众图书馆	图书馆学季刊	1932 年第 6 卷第 3 期
典	时论撮要：宋元板伪造之实例（长泽规矩也）	图书馆学季刊	1933 年第 7 卷第 3 期
典	时论撮要：师范学校之图书设备	图书馆学季刊	1934 年第 8 卷第 1 期
张增荣（译）	佚存书目	图书馆学季刊	1934 年第 8 卷第 2 期

吴其昌

吴其昌（1904～1944），字子馨，号正厂。浙江海宁人。1923年毕业于无锡国学专修馆，后至广西容县中学任教。1925年，考入清华学校研究院国学门，师从王国维、梁启超。1926年10月至1927年8月任职国立京师图书馆。1928年任南开大学讲师，后任清华大学讲师。1932年任武汉大学历史系教授。抗战时期，随校迁至四川乐山，随后兼历史系主任。曾加入中国营造学社、北平考古学社、中国博物馆协会及北平禹贡学会。著作有《金文世族谱》《金文历朔疏证》等。

单篇文章

署名	文章名	报刊名	期数
吴其昌	王静安先生古史新证讲授记	清华周刊	1926年第25卷第7期
吴其昌	王静安先生仪礼讲授记（附图）	清华周刊	1926年第25卷第10期
吴其昌	王静安先生尚书讲授记	清华周刊	1926年第25卷第11期
吴其昌	王静安先生尚书讲授记（续上期）	清华周刊	1926年第25卷第12期
吴其昌	王静安先生尚书讲授记（续上期）	清华周刊	1926年第25卷第13期
吴其昌	王静安先生尚书讲授记（续上期）	清华周刊	1926年第25卷第14期

续表

署名	文章名	报刊名	期数
吴其昌	王静安先生尚书讲授记（续上期）	清华周刊	1926 年第 25 卷第 15 期
吴其昌	王静安先生尚书讲授记（附图表）	清华周刊	1926 年第 25 卷第 16 期
吴其昌	两宋历朔天文学考	实学	1926 年第 1 期
吴其昌	三统历简谱	实学	1926 年第 2 期
吴其昌	经义述闻志疑（易部）	实学	1926 年第 3 期
吴其昌	诗：除夕	实学	1926 年第 3 期
吴其昌	浣溪沙：翠箔香罗冷四围	实学	1926 年第 3 期
吴其昌	三统历简谱（未完）	实学	1926 年第 4 期
吴其昌	三统历简谱（续 1926 年第 4 期）	实学	1926 年第 5 期
吴其昌	诗：苍梧纪行七十韵	实学	1926 年第 5 期
吴其昌	宋代学生干政运动考	清华学报	1926 年第 3 卷第 2 期
吴其昌	王船山政治学述	弘毅（北京）	1926 年第 1 卷第 1 期
吴其昌	黄梨洲政治学述	弘毅（北京）	1926 年第 1 卷第 2 期
吴其昌	陆桴亭政治学述	弘毅（北京）	1926 年第 1 卷第 3 期

续表

署名	文章名	报刊名	期数
吴其昌	朱舜水政治学述	弘毅（北京）	1926 年第 1 卷第 4 期
吴其昌	唐圃亭政治学述	弘毅（北京）	1926 年第 1 卷第 5 期
吴其昌	忠言	甲寅（北京）	1927 年第 1 卷第 42 期
吴其昌	宋代之地理学史（附图）	国学论丛	1927 年第 1 卷第 1 期
吴其昌	朱子著述考（佚书考）	国学论丛	1927 年第 1 卷第 2 期
吴其昌	汉魏丛书本星经跋尾	清华周刊	1927 年第 26 卷第 14 号
吴其昌	衲孟襄阳送别刘大赴任教授（诗词）	实学	1927 年第 7 期
吴其昌	宋三京图考	清华周刊	十五周年纪念增刊（1926）
吴其昌	待焚词：菩萨蛮（二十首）（诗词）	实学	1927 年第 7 期
吴其昌	象形古义考（节要）（未完）	实学	1927 年第 7 期
吴其昌	蛮萨发	弘毅（北京）	1927 年第 2 卷第 3 期
吴其昌	顾亭林政治学述	弘毅（北京）	1927 年第 2 卷第 1/2 期

周传儒

周传儒（1900～1988），号书舲，四川江安人。1919 年考取北京师范大学史地系，毕业后曾任商务印书馆编辑、北京师范大学史地系讲师。1925 年考取清华学校研究院国学门。1926 年 10 月至 1927 年 8 月任国立京师图书馆馆员。1929 年赴沈阳东北大学任教，“九一八事变”后回北京师范大学教书。1932 年赴英国留学，1934 年转学到德国柏林大学，1936 年获博士学位。1937 年回国后，在山西大学任历史系主任、教授，兼文学院院长。抗战时期，在流亡的东北大学、西北联合大学、山西大学先后执教。抗战胜利后，到四川大学、西南师范学院任教。新中国成立后，从 1952 年起先后在沈阳东北教育学院、沈阳师范学院任教，1979 年回辽宁大学复职，任历史系教授。主要著述有《新撰世界史》《意大利现代史》《书院制度考》《甲骨文字与殷商制度》《西伯利亚开发史》等。

单篇文章

署名	文章名	报刊名	期数
周传儒	国家主义与中国教育	清华周刊	1926 年第 25 卷第 15 期
周传儒	日本人唐化考	清华周刊	1926 年第 25 卷第 16 期
周传儒	三月十八案之责任问题	清华周刊	1926 年第 25 卷第 5 期

续表

署名	文章名	报刊名	期数
周传儒	社会主义略史	清华周刊	1926 年第 25 卷第 13 期
周传儒	时评：段去晚矣！	清华周刊	1926 年第 25 卷第 8 期
周传儒	杂谈：再看两套把戏！	清华周刊	1926 年第 25 卷第 11 期
周传儒	十五年来中国教育的回顾	清华周刊	十五周年纪念增刊（1926）
周传儒	地理学通论	弘毅（北京）	1927 年第 2 卷第 3 期
周传儒	中日历代交涉史	国学论丛	1927 年第 1 卷第 1 期
周传儒	中日历代交涉史（附表）	国学论丛	1927 年第 1 卷第 2 期

于道泉

于道泉（1901～1992），字伯源，别名波云、石不达，山东临淄人。1920 年毕业于济南甲种工业学校，1924 年毕业于山东齐鲁大学，当年担任泰戈尔来华访问时的陪同翻译。后在北京大学为钢和泰教授担任课堂翻译，并兼从钢氏学习梵文等。1926 年 11 月，任京师图书馆馆员，1927 年 11 月转任北京图书馆（后改名北平北海图书馆）编目科科员。1929 年 8 月该馆与国立北平图书馆合并后，先后任国立北平图书馆中文编目组馆员、满蒙文编目室馆员，负责满蒙藏文的采访和编目工作。自1928年起，兼任中央研究院历史语言研究所助理研究员。1934年5月起，分赴法、德学习，兼为北平图书馆与国外交换资料。1939年赴英，任伦敦大学东方学院高级讲师，其间在平馆驻华盛顿办事处兼职，负责藏文研究。1949年4月回国，受聘为北京大学东方语文系教授，后任教于中央民族学院，兼任北京图书馆特藏部主任至1953年。主要著述有《第六代达赖喇嘛仓洋嘉错情歌》《藏汉对照拉萨口语词典》等。

专书

署名	书名	出版者	出版年
于道泉、赵元任（编注）	第六代达赖喇嘛仓洋嘉错情歌（国立中央研究院历史语言研究所单刊甲种之五）	北平：国立中央研究院历史语言研究所	1930年

单篇文章

署名	文章名	报刊名	期数
于道泉（译）	馆藏“诸佛菩萨圣像赞”跋（钢和泰）	北京图书馆月刊	1928年第1卷第1号
于道泉	达赖喇嘛于根敦珠巴以前之转生	国立北平图书馆馆刊	1930年第4卷第5号
于道泉	乾隆御译衍教经（藏文原文及满汉译文三体对照附校勘记）	国立北平图书馆馆刊	1931年第5卷第2号

于震寰

于震寰（1907～1999），字镜宇，笔名余敬禹、镜宇、镜、于镜宇、宇、大宇、敬、震寰、竞宇、余愚、吾愚、昙、净雨、俞章，书斋名“无挂碍室”，故而自称“无挂碍室主”。山东蓬莱人。北平盐务学校肄业。1927 年 3 月到北京图书馆（后改名北平北海图书馆）工作，任书记。1929 年 8 月北海图书馆并入国立北平图书馆后，任编目部中文编目组组员。1931 年 7 月考入文华图书馆专科学校，1933 年 6 月毕业，回馆后派任中华图书馆协会常任书记。1935 年 6 月调任北京大学图书馆，任中文部编目主任。1936 年转职到国立中央图书馆工作，先后任中文编目、采购组主任等。1939 年 10 月由该馆派赴美国，在哈佛汉和图书馆协助编目事务，1946 年 8 月由美返国，任中央图书馆采访部主任、中华图书馆协会干事。1947 年应南京《中央日报》之请，主编《书林评话》。1948 年，被美国哈佛大学聘为研究员，兼哈佛燕京学社汉和图书馆（后改名哈佛燕京图书馆）副主任，后任日文编目主任、副馆长。著述还有《记英文佛学辞典两种》《显露式期刊目片之制法与装置》《克特桑本着者号码表解说》《今日的印度》《美学原理 》《评“台湾省五十一年来统计提要”》等。

专书

署名	书名	出版者	出版年
于震寰（编）	善本图书编目法	编者刊	1933 年
于震寰、李文裿（编）	中国体育图书汇目	北平：青梅书店	1933 年

单篇文章

署名	文章名	报刊名	期数
镜	新书介绍与批评：左庵集	北京图书馆月刊	1928 年第 1 卷第 3 号
于震寰	新书介绍与批评：入唐求法巡礼行记	北京图书馆月刊	1928 年第 1 卷第 4 号
震寰	新书介绍：支那佛教史迹（五集）附评解	北平北海图书馆月刊	1928 年第 1 卷第 6 号
大宇	梵谛冈国的图书馆	东方杂志	1929 年第 26 卷第 19 期
宇	介绍三个图书馆：中医图书馆之计划与实行、环球佛教图书馆缘起、工商图书馆之现在与将来	中华图书馆协会会报	1929 年第 5 卷第 1/2 期
宇	十进分类之阶段名称	中华图书馆协会会报	1929 年第 5 卷第 1/2 期
宇	新书介绍：古佚小说丛刊第一辑（陈乃干辑）	中华图书馆协会会报	1929 年第 5 卷第 1/2 期
镜	时论撮要：丹麦公立图书馆运动	图书馆学季刊	1929 年第 3 卷第 3 期
镜	时论撮要：儿童图书馆的图书研究	图书馆学季刊	1929 年第 3 卷第 3 期
宇	时论撮要：和汉图书件名标目及后记	图书馆学季刊	1929 年第 3 卷第 3 期

续表

署名	文章名	报刊名	期数
镜	时论撮要：随意读书之性差异	图书馆学季刊	1929 年第 3 卷第 3 期
宇	时论撮要：通俗图书馆内之出纳所论	图书馆学季刊	1929 年第 3 卷第 3 期
宇	时论撮要：图书分类法之我案	图书馆学季刊	1929 年第 3 卷第 3 期
宇	时论撮要：图书统计与近代文化	图书馆学季刊	1929 年第 3 卷第 3 期
镜	时论撮要：怎样指导小学生读书	图书馆学季刊	1929 年第 3 卷第 3 期
镜	时论撮要：支那图书馆发达史	图书馆学季刊	1929 年第 3 卷第 3 期
镜	时论撮要：支那图书馆事业之史的研究	图书馆学季刊	1929 年第 3 卷第 3 期
镜	时论撮要：支那之图书馆条例论	图书馆学季刊	1929 年第 3 卷第 3 期
镜	时论撮要：中国印书术的演进	图书馆学季刊	1929 年第 3 卷第 3 期
宇	时论撮要：儿童阅览之重要性	图书馆学季刊	1929 年第 3 卷第 4 期
宇	时论撮要：评潘梓年文学概论	图书馆学季刊	1929 年第 3 卷第 4 期
宇	时论撮要：三国志演义的演化	图书馆学季刊	1929 年第 3 卷第 4 期

续表

署名	文章名	报刊名	期数
宇	时论撮要：书目答问史部目补正	图书馆学季刊	1929 年第 3 卷第 4 期
宇	时论撮要：图书分类法概论	图书馆学季刊	1929 年第 3 卷第 4 期
宇	时论撮要：挽近欧美图书馆之趋势及日本斯道之将来	图书馆学季刊	1929 年第 3 卷第 4 期
宇	时论撮要：四库总目韵编勘误	图书馆学季刊	1929 年第 4 卷第 1 期
宇	时论撮要：图书馆学（王云五讲，茅宗杰笔记）	图书馆学季刊	1929 年第 4 卷第 1 期
宇	时论撮要：图书馆在成人教育的功用及问题（徐旭译）	图书馆学季刊	1929 年第 4 卷第 1 期
宇	时论撮要：德国民众图书馆	图书馆学季刊	1929 年第 4 卷第 1 期
宇	时论撮要：现代图书馆教育论	图书馆学季刊	1929 年第 4 卷第 1 期
镜	时论撮要：图书目录之缘起（李笠）	图书馆学季刊	1929 年第 4 卷第 2 期
镜	时论撮要：中国目录学叙（缪篆）	图书馆学季刊	1929 年第 4 卷第 2 期

续表

署名	文章名	报刊名	期数
镜	故厦门图书馆馆长周君殿姜小传	图书馆学季刊	1929 年第 4 卷第 3/4 期
于震寰	近见译书录目	中华图书馆协会会报	1930 年第 6 卷第 3 期
宇	第二次全国教育会议与图书馆	中华图书馆协会会报	1930 年第 5 卷第 6 期
于震寰（译）	图书馆员立身准则（美国图书馆协会）	中华图书馆协会会报	1931 年第 6 卷第 4 期
于震寰（译）	图书馆选购书籍之原则	中华图书馆协会会报	1931 年第 7 卷第 2 期
净雨	清代印刷史小纪	武昌文华图书科季刊	1931 年第 3 卷第 4 期
昙	时论撮要：西厢记的本来面目是怎样的（西谛）	图书馆学季刊	1932 年第 6 卷第 3 期
吾愚	书林联话（一）	图书馆学季刊	1932 年第 6 卷第 4 期
于震寰	图书馆学季刊所载关于分类文字	中华图书馆协会会报	1932 年第 7 卷第 6 期
宇	时论撮要：藏书印之考察	图书馆学季刊	1933 年第 7 卷第 2 期
于镜宇，李文裿合编	中国体育图书汇目	图书馆学季刊	1933 年第 7 卷第 3 期

续表

署名	文章名	报刊名	期数
宇	时论撮要：乡土文库之地形学分类法（附表）	图书馆学季刊	1933 年第 7 卷第 3 期
宇	时论撮要：公立图书馆如何能助现代语言教师（Terpell Tatum）	图书馆学季刊	1933 年第 7 卷第 4 期
宇	时论撮要：卡片代替书本	图书馆学季刊	1933 年第 7 卷第 4 期
宇	时论撮要：两汉乐府的新分类	图书馆学季刊	1933 年第 7 卷第 4 期
宇	时论撮要：图书馆员之新工作	图书馆学季刊	1933 年第 7 卷第 4 期
于震寰	善本图书编目法	图书馆学季刊	1933 年第 7 卷第 4 期
于震寰	中华图书馆协会第二次年会纪事	中华图书馆协会会报	1933 年第 9 卷第 2 期
于震寰	伪满洲国治下之图书馆	中央军校图书馆月报	1934 年第 8 期
于震寰	美国国会图书馆标题总录述评	中央军校图书馆月报	1934 年第 12 期
镜宇	和友人论编制标题书的一封信	中央军校图书馆月报	1934 年第 13 期
于震寰	杜威分类法第十三版述评	中央军校图书馆月报	1934 年第 15 期

续表

署名	文章名	报刊名	期数
俞章（译）	和汉图书馆目录法最终修正案	中华图书馆协会会报	1934 年第 9 卷第 4 期
于震寰（译）	美国图书馆协会所订公共（立）图书馆之标准（美国图书馆协会）	中华图书馆协会会报	1934 年第 9 卷第 4 期
于震寰	在目录中如何举示书名	中华图书馆协会会报	1934 年第 10 卷第 2 期
于震寰	一九三四年的文学杂志	中华图书馆协会会报	1934 年第 10 卷第 3 期
镜宇	介绍法学论文索引	中华图书馆协会会报	1934 年第 10 卷第 2 期
宇	北平图书馆协会常会记	世界日报图书馆周刊	第 8 期（1935 年 4 月 24 日）
宇	奥思博恩欢迎会记	世界日报图书馆周刊	第 13 期（1935 年 5 月 29 日）
宇	第二次国际图书馆及目录学大会预告	世界日报图书馆周刊	第 2 期（1935 年 3 月 13 日）
宇	河北省立第一图书馆概况	世界日报图书馆周刊	第 11 期（1935 年 5 月 15 日）
镜宇	剑桥大学新图书馆之沿革	世界日报图书馆周刊	第 16 期（1935 年 6 月 19 日）
于震寰	剑桥大学图书馆史略及其新筑	图书馆学季刊	1935 年第 9 卷第 1 期

续表

署名	文章名	报刊名	期数
于震寰	剑桥大学图书馆之建筑与书藏	图书馆学季刊	1935 年第 9 卷第 1 期
于震寰（译）	日本国国立图书馆（爱士德尔）	文华图书馆学专科学校季刊	1935 年第 7 卷第 3/4 期合刊
于镜宇	印刷术发明以前之中国图书馆	中央军校图书馆月报	1935年第20期、第21期
于震寰（译）	第二次国际图书馆及目录学大会通告及会序	中华图书馆协会会报	1935 年第 10 卷第 4 期
丁睿、于震寰	杂志专号集目	中华图书馆协会会报	1935 年第 10 卷第 5 期

毛宗荫

毛宗荫（1904～?），字祖麻，山东掖县人。北平财政商业专门学校毕业，曾任职于燕京华语学校图书馆。1927 年 7 月转聘北京图书馆（后改名北平北海图书馆），任馆员，1929 年 8 月该馆与国立北平图书馆合并后，任国立北平图书馆采访部西文采访组馆员。1934 年 10 月转职国立中央图书馆筹备处。1937 年 4 月改任浙江省政府图书馆主任。杭州沦陷后，仍返平馆供职，1938 年春，由馆派往昆明，协助西南联合大学图书馆工作，并负责办理新书呈缴及整理中文期刊、编制抗战论文索引等工作，其间经办了接收八路军向平馆赠书事宜。1941 年 4 月由昆赴渝，随后转职国立中央图书馆，1943 年任中央图书馆阅览部副主任，主持该馆白沙阅览室事务，1946 年任中央图书馆重庆办事处编辑。后在中科院图书馆工作。著述有《以“书籍立方”为单位而定书库广袤之商榷》《手写本在恒廷敦图书馆中之保藏》等。

单篇文章

署名	文章名	报刊名	期数
毛宗荫	书店书目整理法（附表、照片）	图书馆学季刊	1929 年第 3 卷第 4 期
庥	书报介绍：西北研究	读书月刊（北平）	1932 年第 1 卷第 5 期

成多禄

成多禄（1864~1928），原名恩龄，字竹山（又作竹三、祝三、祝山、铸珊、竹珊），号澹堪。室园名先后有榆庐、小游仙山馆、澹园、十三古槐馆等雅号。近代诗人与书法家。“吉林三杰”之一。曾任吉林省参议员、民国参议院议员、中东铁路理事会董事。活跃于北方诗界，先后组织与参加吉林“雪蕉诗社”“松江修暇社”，北京“九九社”“晚晴簃诗社”“漫社”等文学团体。1927 年被任命为教育部审核处处长，同年 8 月至 1928 年 5 月任国立京师图书馆副馆长。著述有《澹堪诗草》《思旧集》等。

单篇文章

署名	文章名	报刊名	期数
成多禄	答黄黎雍二首	辽东诗坛	1928 年第 36 期

岳良木

岳良木（1905～1994），字荫嘉，笔名荫、荫嘉，湖北汉川人。1927 年毕业于武昌文华大学图书馆学系，同年 8 月进入北京图书馆（后改名北平北海图书馆）工作，任采访科科员。1929 年 8 月该馆与国立北平图书馆合并后，先后任国立北平图书馆采访部西文采访组组长、文书组组长。1934 年 8 月派赴美国哥伦比亚大学图书馆学院学习，其间兼任该大学汉文图书馆主任。1936 年毕业，获硕士学位，其毕业论文获全美外国留学生最佳论文奖。回国后任北平图书馆工程参考图书馆主任。1937 年 7 月转职国立中央图书馆，任采访组主任。抗战期间，代理筹备处事务，并负责将中央图书馆的西文图书资料全部西迁，还曾主持或参与中央图书馆、四川省立图书馆、兰州西北图书馆、中央设计局图书馆等组建和发展工作。1944 年 5 月起兼任中央设计局专门委员，并任该局图书馆副主任。1945 年 5 月辞中央馆采访组主任职，就任教育部专门委员兼高等教育司第四科科长，1946 年转任国立社会教育学院图书馆学系教授。新中国成立后，岳良木参加了上海图书馆的筹建，历任上海图书馆阅览部主任，国立社会教育学院教授，上海大学图书馆学系、华东师范大学图书馆学系兼职教授等。著述有《美国公立图书馆推广事业》《景仰北京图书馆》等。

单篇文章

署名	文章名	报刊名	期数
岳良木	书评：参考书目汇编与参考书目指南之比较观	图书馆学季刊	1929 年第 3 卷第 3 期
岳良木	试拟图书登录条例	图书馆学季刊	1930 年第 4 卷第 1 期
荫嘉	时论撮要：美国北加罗琳娜大学图书馆新馆	图书馆学季刊	1930 年第 4 卷第 1 期
荫嘉	时论撮要：对顿公立图书馆借书车	图书馆学季刊	1930 年第 4 卷第 1 期
荫	时论撮要：意大利现代文学（Profrssn Sinseppe Prezzolini Litr）	图书馆学季刊	1930 年第 4 卷第 2 期
荫嘉	时论撮要：缩减预算之利弊	图书馆学季刊	1930 年第 4 卷第 2 期
岳良木	读“图书登记略说”后	中华图书馆协会会报	1933 年第 9 卷第 1 期
岳良木	论“对于‘读图书登记略说后’的答辩”	中华图书馆协会会报	1933 年第 9 卷第 3 期
岳良木	美国图书馆最近的动向	学觚	1936 年第 1 卷第 10 期

李芳馥

李芳馥（1902～1997），字馨吾，笔名馨吾，湖北黄陂人。1927年毕业于武昌文华大学图书科，获文学士，同年10月进北海图书馆工作，任总务科科员。1929年8月该馆与国立北平图书馆合并后，先后任国立北平图书馆总务部文书组组长、采访部西文采访组组长。1934年派赴美国留学，1935年获美国哥伦比亚大学图书馆学硕士学位，随后在芝加哥大学图书馆学研究院进修博士课程。1936～1938年到美国国会图书馆实习，承担东方部中文图书编目工作。后受聘哥伦比亚大学图书馆，主持中文图书编目工作。1941年回国后，在国立北平图书馆上海办事处任编纂、主任。因日军侵占上海，办事处关闭，于1942年年底任上海沪江书院图书馆主任。抗战胜利后，国立北平图书馆上海办事处恢复办公，复任该处采访组主任，其间曾兼任苏州国立社会教育学院图书馆系教授。1950年调任上海市文物保管委员会，担任图书整理处主任，并负责上海图书馆筹建工作。1952年7月上海图书馆正式成立后，任首任馆长。还曾任全国第二中心图书馆委员会委员、副主任委员，上海市图书馆学会副会长，华东师范大学图书馆系兼职教授和硕士研究生导师等职。1985年退休后，任上海图书馆名誉馆长。论著有《飞跃发展的图书馆事业》《建立上海图书馆藏书目录体系的探讨》等。

单篇文章

署名	文章名	报刊名	期数
馨吾	时论撮要：图书馆讨论团	图书馆学季刊	1930 年第 4 卷第 3/4 期
馨吾	论文摘要：近代中国文学思想的变迁（罗家伦著）	西北知识	1937 年第 2 期

王重民

王重民（1903～1975），原名王鉴，后改名重民，字有三。笔名王振宇、王颂文（或为别名）、重。室名冷庐，别名冷庐主人。河北高阳人。1924 年考入北京高等师范学校（今北京师范大学），1928 年 3 月在校期间即到北平北海图书馆工作。1929 年毕业后，到国立北平图书馆工作，任编纂委员会委员兼索引组组长。1934 年 10 月派往法国国家图书馆，整理流失海外的敦煌文献。1939 年赴美，受美国国会图书馆及普林斯顿大学葛斯德东方图书馆邀请，整理鉴定中国善本古籍。其间，利用假期游历法、英、德、意、美各国诸大图书馆，撰有《柏林访书记》等。1947 年归国后，回北平图书馆任参考组主任，同时在北京大学创办图书馆学专科并任教职。新中国成立后，任北京图书馆副馆长。1952 年 8 月调入北京大学，任图书馆学专科（后改为图书馆学系）主任、教授，在图书馆学系、中文系、历史系讲授中国目录学史、中国目录版本学、敦煌学等课程。论著还有《中国善本书提要》及补编、《中国目录学史论丛》《敦煌曲子词集》《敦煌古籍叙录》《〈道德经〉碑幢刻石考》《〈史记〉版本及参考书》《关于〈隋书·经籍志〉的初步探讨》《七志与七录》《论七略在我国目录学史上的成就和影响》《中国的地方志》等。

专书

署名	书名	出版者	出版年
王重民	国学论文索引（初编）	北平：中华图书馆协会	1929 年
王重民	越缦堂读史札记（十一种）	北平：国立北平图书馆	1929～1930 年
王重民（编）	越缦堂文集（十二卷）	北平：国立北平图书馆	1930 年
王重民（编）	日本访书志补	北平：中华图书馆协会	1930 年
王重民（编）	西苑丛书（第一辑）	出版者不详	1930 年
王重民（撰）	四库抽毁书提要稿	上海：医学书局	1931 年
王重民（撰）	孙渊如外集（五卷，附录一卷）	北平：国立北平图书馆	1932 年
王重民（编）	办理四库全书档案	北平：国立北平图书馆	1934 年

续表

署名	书名	出版者	出版年
王重民、杨殿珣等编（索引组）	清代文集篇目分类索引	北平：国立北平图书馆	1935 年
王重民（撰）	巴黎敦煌残卷叙录第一辑（四卷附录一卷）	北平：国立北平图书馆	1936 年
王重民等（总编辑）	重修无极县志（二十卷）	天津：文竹斋	1936 年
王重民	敦煌捉季布传文	北平：国立北平图书馆	1936 年（《国立北平图书馆馆刊》第 10 卷第 1 号抽印本）
王重民辑	太平天国官书补编（广东丛书第三集）	上海：商务印书馆	1936 年，1948 年影印本
王重民（撰）	巴黎敦煌残卷叙录第二辑：四卷	北平：国立北平图书馆	1941 年
王重民（著）	图书与图书馆论丛	上海：世界出版社	1949 年

单篇文章

署名	文章名	报刊名	期数
王重民辑	前汉书札记（李慈铭撰）	北京图书馆月刊	1928 年第 1 卷第 1 号

续表

署名	文章名	报刊名	期数
王重民辑	前汉书札记（续）（李慈铭撰）	北京图书馆月刊	1928 年第 1 卷第 2 号
王重民	书评：补晋书艺文志书后	北平北海图书馆月刊	1928 年第 1 卷第 5 号
重民	新书介绍：词铨	北平北海图书馆月刊	1928 年第 1 卷第 5 号
王重民	李清著述考	图书馆学季刊	1928 年第 2 卷第 3 期
王重民辑	日本访书续志	图书馆学季刊	1928 年第 2 卷第 3 期
王重民辑	史略校勘札记	图书馆学季刊	1928 年第 2 卷第 4 期
王重民	书古书目四种后	图书馆学季刊	1929 年第 3 卷第 4 期
王重民	刀笔考	图书馆学季刊	1929 年第 3 卷第 1/2 期
王重民	读高氏子略小识	图书馆学季刊	1929 年第 3 卷第 3 期
王重民	列子校释	北平北海图书馆月刊	1929 年第 2 卷第 6 号
王重民	列子校释（续）	国立北平图书馆月刊	1929 年第 3 卷第 1 期

续表

署名	文章名	报刊名	期数
王重民	列子校释（续）	国立北平图书馆月刊	1929 年第 3 卷第 2 期
王重民	读汉书艺文志拾遗	国立北平图书馆月刊	1929 年第 3 卷第 3 号
王重民	绛云楼书目跋	国立北平图书馆月刊	1929 年第 3 卷第 5 期
王重民	校道藏本南华真经注疏跋	国立北平图书馆馆刊	1930 年第 4 卷第 6 号
重	（补白）庄子阙误	学文	1930 年第 1 卷第 1 期
重	（补白）文选钞文选音决	学文	1930 年第 1 卷第 1 期
王重民	清代掠美集说发题	中华图书馆协会会报	1930 年第 5 卷第 6 期
王重民	说装潢	图书馆学季刊	1931 年第 5 卷第 1 期
王重民	辑孙渊如外集自序	图书馆学季刊	1931 年第 5 卷第 3/4 期
王重民	读书小记	读书月刊（北平）	1932 年第 1 卷第 4 期
王重民	清代两个大辑佚书家评传	辅仁学志	1932 年第 3 卷第 1 期

续表

署名	文章名	报刊名	期数
王重民	书评：中国地方志备征目	国立北平图书馆馆刊	1932年第6卷第4期
王重民	李越缦先生著述考	国立北平图书馆馆刊	1932年第6卷第5期
王重民	书评：元典章校补释例	国立北平图书馆馆刊	1932年第6卷第6期
王重民	金门诏别传	图书馆学季刊	1932年第6卷第1期
王重民	方言考序	图书馆学季刊	1932年第6卷第2期
重	补《晋书·艺文志》	学文	1932年第1卷第5期
重	张澍辑佚书	学文	1932年第1卷第5期
王重民	《文学论文索引续编》序	《文学论文索引续编》卷首	1933年中华图书馆协会版
王重民	释墨	国立北平图书馆馆刊	1933年第7卷第1号
王重民	苍颉篇辑本述评	辅仁学志	1933年第4卷第1期
王重民	教育部选印四库全书	大公报文学副刊	1933年8月18日
冷庐主人	评中央图书馆影印四库全书未刊本草目	国闻周报	1933年第10卷第36期

续表

署名	文章名	报刊名	期数
王重民	书评：汉代婚丧礼俗考	大公报图书副刊（天津）	第 18 期（1934 年 3 月 17 日）
王重民等	清代学者关于禹贡之论文目录	禹贡（半月刊）	1934 年第 1 卷第 10 期
王重民	毛凤枝金石萃编补遗稿本	大公报图书副刊（天津）	第 86 期（1935 年 7 月 4 日）
王重民	清代文集篇目分类索引序	大公报图书副刊（天津）	第 98 期（1935 年 9 月 26 日）
王重民	巴黎敦煌残卷叙录	大公报图书副刊（天津）	第 80 期（1935 年 5 月 23 日）
王重民	巴黎敦煌残卷叙录	大公报图书副刊（天津）	第 81 期（1935 年 5 月 30 日）
王重民	巴黎敦煌残卷叙录	大公报图书副刊（天津）	第 82 期（1935 年 6 月 6 日）
王重民	巴黎敦煌残卷叙录	大公报图书副刊（天津）	第 84 期（1935 年 6 月 20 日）
王重民	巴黎敦煌残卷叙录	大公报图书副刊（天津）	第 85 期（1935 年 6 月 27 日）
王重民	巴黎敦煌残卷叙录	大公报图书副刊（天津）	第 86 期（1935 年 7 月 4 日）
王重民	巴黎敦煌残卷叙录	大公报图书副刊（天津）	第 87 期（1935 年 7 月 11 日）

续表

署名	文章名	报刊名	期数
王重民	巴黎敦煌残卷叙录	大公报图书副刊（天津）	第88期（1935年7月18日）
王重民	巴黎敦煌残卷叙录	大公报图书副刊（天津）	第93期（1935年8月22日）
王重民	巴黎敦煌残卷叙录	大公报图书副刊（天津）	第95期（1935年9月5日）
王重民	巴黎敦煌残卷叙录	大公报图书副刊（天津）	第96期（1935年9月12日）
王重民	巴黎敦煌残卷叙录	大公报图书副刊（天津）	第99期（1935年10月3日）
王重民	巴黎敦煌残卷叙录	大公报图书副刊（天津）	第100期（1935年10月10日）
王重民	海外希见录	大公报图书副刊（天津）	第75期（1935年4月18日）；《图书季刊》1935年第2卷第1期
王重民	敦煌本尚书六跋	国立北平图书馆馆刊	1935年第9卷第4号
王重民	金山国坠事拾零	国立北平图书馆馆刊	1935年第9卷第6号
王重民	敦煌本东皋子集残卷跋	金陵学报	1935年第5卷第2期

续表

署名	文章名	报刊名	期数
王重民	柏林访书记	国闻周报	1935 年第 12 卷第 42 期
王重民	巴黎敦煌残卷叙录（一）	图书季刊	1935 年第 2 卷第 2 期
王重民	巴黎敦煌残卷叙录（二）	图书季刊	1935 年第 2 卷第 3 期
王重民	记巴黎国家图书馆所藏太平天国文献	图书季刊	1935 年第 2 卷第 2 期；《大公报图书副刊》第 83 期（1935 年 6 月 13 日）
王重民	清代学者地理论文目录（通论总目）	禹贡（半月刊）	1935 年第 3 卷第 8 期
王重民	清代学者地理论文目录（方志上）	禹贡（半月刊）	1935 年第 3 卷第 9 期
王重民	清代学者地理论文目录（方志下）	禹贡（半月刊）	1935 年第 3 卷第 12 期
王重民	清代学者地理论文索引（河渠水利）	禹贡（半月刊）	1935 年第 4 卷第 3 期
王重民	清代学者地理论文目录（山川）	禹贡（半月刊）	1935 年第 4 卷第 5 期
王重民著，李俨校	清代文集算学类论文	学风（安庆）	1935 年第 5 卷第 2 期

续表

署名	文章名	报刊名	期数
王重民	海外希见录	大公报图书副刊（天津）	第119期（1936年2月27日）
王重民	罗马访书记	图书季刊	1936年第3卷第4期；《大公报图书副刊》第162期（1936年12月24日）
王重民	剑桥太平天国文献新录	国闻周报	1936年第13卷第12期
王重民校录	敦煌本王陵变文	国立北平图书馆馆刊	1936年第10卷第6期，该年出抽印本
王重民	太平天国官书补编叙录	国立北平图书馆馆刊	1936年第10卷第6期
王重民	英伦所藏敦煌经卷访问记	大公报图书副刊（天津）	第124期（1936年4月2日）
王重民	致副刊编者书（关于闵明我等奏疏诸问题讨论）	大公报图书副刊（天津）	第139期（1936年7月16日）
王重民	致副刊编者书（关于闵明我等奏疏诸问题讨论）	大公报图书副刊（天津）	第141期（1936年7月30日）
王重民	致副刊再答冯承钧先生	大公报图书副刊（天津）	第163期（1936年12月31日）

续表

署名	文章名	报刊名	期数
王重民	清代学者地理论文目录（游记）	禹贡（半月刊）	1936年第4卷第11期
王重民	清代学者地理论文目录（古迹名胜，外纪边防）	禹贡（半月刊）	1936年第4卷第12期
王重民	巴黎敦煌残卷叙录	大公报图书副刊（天津）	第115期（1936年1月30日）
王重民	巴黎敦煌残卷叙录	大公报图书副刊（天津）	第116期（1936年2月6日）
王重民	跋中亚出土的《刘涓子鬼方》	大公报图书副刊（天津）	第119期（1936年2月29日）
王重民	巴黎敦煌残卷叙录	大公报图书副刊（天津）	第120期（1936年3月5日）
王重民	巴黎敦煌残卷叙录	大公报图书副刊（天津）	第121期（1936年3月12日）
王重民	巴黎敦煌残卷叙录	大公报图书副刊（天津）	第133期（1936年6月4日）
王重民	巴黎敦煌残卷叙录	大公报图书副刊（天津）	第134期（1936年6月11日）
王重民	巴黎敦煌残卷叙录	大公报图书副刊（天津）	第136期（1936年6月25日）
王重民	巴黎敦煌残卷叙录	大公报图书副刊（天津）	第141期（1936年7月30日）

续表

署名	文章名	报刊名	期数
王重民	巴黎敦煌残卷叙录	大公报图书副刊（天津）	第143期（1936年8月13日）
王重民（校录）	太平天日（附表）	逸经	1936年第13期
王重民（校录）	太平天日（下期续完）	逸经	1936年第14期
王重民（校录）	太平天日（三）	逸经	1936年第16期
洪仁玕（遗著），王重民（校录）	资政新篇（待续）	逸经	1936年第17期
洪仁玕（遗著），王重民（校录）	资政新篇（二）：英国剑桥大学图书馆藏本	逸经	1936年第18期
洪仁玕（遗著），王重民（校录）	资政新篇（三）：英国剑桥大学图书馆藏本	逸经	1936年第19期
王重民	马哥孛罗故居巡礼记	禹贡（半月刊）	1937年第6卷第10期
王重民	敦煌本历日之研究	东方杂志	1937年第34卷第9期

续表

署名	文章名	报刊名	期数
王重民	巴黎敦煌残卷叙录	大公报图书副刊（天津）	第165期（1937年1月14日）
王重民	巴黎敦煌残卷叙录	大公报图书副刊（天津）	第171期（1937年3月4日）
王重民	巴黎敦煌残卷叙录	大公报图书副刊（天津）	第176期（1937年4月8日）
王重民	巴黎敦煌残卷叙录	大公报图书副刊（天津）	第178期（1937年4月22日）
王重民	海外希见录	大公报图书副刊（天津）	第179期（1937年4月29日）
王重民	七十一传	大公报图书副刊（天津）	第185期（1937年6月10日）
王重民（录并跋）	剑桥大学所藏之太平天国文件（附录五）	逸经	1937年第23期
王重民	太平文献：太平天国官书新编叙录	逸经	1937年第27期
洪仁玕（遗著），简又文（序/录），王重民校录	钦定军次实录：序言（附图）	逸经	1937年第27期
洪仁玕（遗著），王重民（校录）	太平文献：钦定军次实录（二）	逸经	1937年第28期

续表

署名	文章名	报刊名	期数
洪仁玕（遗著），王重民（校录）	太平文献：钦定军次实录（三）	逸经	1937 年第 30 期
洪仁玕（遗著），王重民（校录）	太平文献：钦定军次实录（四）	逸经	1937 年第 31 期
王重民	巴黎伦敦所藏敦煌残卷叙录（十二篇）	图书季刊	1939 年新第 1 卷第 1 期
王重民	敦煌本董永变文跋	图书季刊	1940 年新第 2 卷第 3 期
王重民	国会图书馆所藏善本书叙录	图书季刊	1940 年新第 2 卷第 2 期
王重民	美国国会图书馆所藏善本书叙录（续）	图书季刊	1940 年新第 2 卷第 4 期
王重民	释圣神风雷	图书季刊	1940 年新第 2 卷第 4 期
王重民	阅张介侯先生遗稿记	金陵学报	1940 年第 10 卷第 1/2 期，该年金陵大学出抽印本
王重民	美国国会图书馆所藏善本书叙录（续）	图书季刊	1941 年新第 3 卷第 1/2 期

续表

署名	文章名	报刊名	期数
Wang Ting Yun	Yang Ting Yun（杨廷筠传）	*Eminent Chinese of the Ch'ing period*（《清代名人传略》）	ArthurW. Hummel 主编，Washington：U. S. Govt. Print. Off，1943—1944
Wang Ting Yun	Pi Kung – chen（毕拱辰传）	*Eminent Chinese of the Ch'ing period*（《清代名人传略》）	ArthurW. Hummel 主编，Washington：U. S. Govt. Print. Off，1943—1944
Wang Ting Yun	Wan Cheng（王征传）	*Eminent Chinese of the Ch'ing period*（《清代名人传略》）	ArthurW. Hummel 主编，Washington：U. S. Govt. Print. Off，1943—1944
王重民	美国国会图书馆藏中国善本书录（卷第一）	图书月刊	1943 年第 3 卷第 1 期
王重民	美国国会图书馆藏中国善本书录：卷第一（续一）	图书月刊	1943 年第 3 卷第 2 期
王重民	陈梓与井心集	图书季刊	1944 年新第 5 卷第 1 期
王重民	书评：清代名人	图书季刊	1944 年新第 5 卷第 1 期

续表

署名	文章名	报刊名	期数
王重民	尚佑卿传	图书季刊	1944年新第5卷第1期；《上智编译馆馆刊》1946年第1卷
王重民	赵士桢传	图书季刊	1944年新第5卷第1期
王重民	历代名公画谱跋	图书季刊	1944年新第5卷第1期；《上智编译馆馆刊》1946年第1卷
王重民	道学家传跋	图书季刊	1944年新第5卷第1期；《上智编译馆馆刊》1946年第1卷
王重民	经天该跋	图书季刊	1944年新第5卷第1期；《上智编译馆馆刊》1946年第1卷
王重民	书评：清代史人	图书季刊	1944年新第5卷第1期
王重民	辨北平图书馆善本书库中伪书三种	图书季刊	1944年新第5卷第4期
王重民	国立北平图书馆善本丛书第一集补记	图书季刊	1944年新第5卷第4期

续表

署名	文章名	报刊名	期数
王重民	天经或问跋	图书季刊	1945 年新第 6 卷第 1/2 期
王重民	跋爱余堂本隐居通议	图书季刊	1945 年新第 6 卷第 1/2 期;《上智编译馆馆刊》1947 年第 2 卷第 3 期
王重民	跋地纬	图书季刊	1945 年新第 6 卷 1/2 期;《上智编译馆馆刊》1947 年第 2 卷第 1 期
王重民	跋格致草	图书季刊	1945 年新第 6 卷第 1/2 期;《上智编译馆馆刊》1947 年第 2 卷第 3 期
王重民	跋慎守要录	图书季刊	1945 年新第 6 卷第 1/2 期;《上智编译馆馆刊》1947 年第 2 卷第 1 期
王重民	跋伪本虞恭公温彦博碑	图书季刊	1945 年新第 6 卷第 1/2 期

续表

署名	文章名	报刊名	期数
王重民	陈昴传	图书季刊	1946年新第7卷第1/2期
Wang Ting Yun	Ho – hu Chih（后湖志节要）	*Quaterly Journal of Current Acquisitions*（《国会图书馆图书季刊》）	Vol. 3，No. 2，pp. 20 – 21，Feb. 1946
王重民	关于“杨淇园先生年谱”的几件文档	中央日报文史周刊	第7期（1946年7月2日）
王重民	伦敦所见敦煌群书叙录	大公报图书周刊（上海）	第18期（1947年5月14日）
王重民	李开先的市井艳词	大公报文史周刊（上海）	第29期（1947年5月21日）
王重民	谈十二辰歌	大公报文史周刊（上海）	第30期（1947年5月4日）
王重民	周书考	大公报文史周刊（天津）	第33期（1947年7月11日）
王重民	考蒲寿庚降元之年月日兼记泉州绅士林纯于颜伯杂事	大公报文史周刊（天津）	第36期（1947年8月22日）
王重民	辨黄道婆	大公报文史周刊（上海）	第34期（1947年7月30日）；《中国棉讯》第1卷第7期

续表

署名	文章名	报刊名	期数
王重民	说五更转	申报文史	第 2 期（1947 年 12 月 13 日）
王重民	跋陶人心语兼记唐英的事迹	图书季刊	1947 年新第 8 卷第 1/2 期；《北平经世日报谈书周刊》第 50 期（1947 年 7 月 30 日）
王重民	跋王征的王端节公遗集	图书季刊	1947 年新第 8 卷第 1/2 期；《上智编译馆馆刊》1947 年第 2 卷第 4/5 期
王重民	跋姓韵	图书季刊	1947 年新第 8 卷第 1/2 期
王重民	读玄览堂丛书	图书季刊	1947 年新第 8 卷第 1/2 期
王重民	跋百陵学山	图书季刊	1947 年新第 8 卷第 3/4 期
王重民	评杨淇园先生年谱	图书季刊	1947 年新第 8 卷第 3/4 期
王重民	释书本	图书季刊	1947 年新第 8 卷第 3/4 期
王重民	海外希见录	民国日报图书副刊（天津）	第 27 期（1947 年 1 月 24 日）

续表

署名	文章名	报刊名	期数
王重民	跋诗法入门	益世报人文周刊	新第14期（1947年8月11日第6版）
王重民	敦煌本王陵变文跋	华北日报·俗文学周刊	第8期（1947年8月22日）
王重民	敦煌本王陵变文跋（续）	华北日报·俗文学周刊	第9期（1947年8月29日）
王重民	敦煌本董永变文跋	华北日报·俗文学周刊	第3期（1947年7月18日）
王重民	安国传	图书季刊	1948年新第9卷第1/2期
王重民	跋吴郡岁华纪丽	图书季刊	1948年新第9卷第1/2期
王重民	跋孝经衍义	图书季刊	1948年新第9卷第1/2期
王重民	跋程氏丛刻	图书季刊	1948年新第9卷第1/2期
王重民	跋管窥小识	图书季刊	1948年新第9卷第3/4期
王重民	跋堪舆倒杖诀	图书季刊	1948年新第9卷第3/4期
王重民	跋类编草堂诗余	图书季刊	1948年新第9卷第3/4期

续表

署名	文章名	报刊名	期数
王重民、朱福荣	北京大学图书馆藏善本书录	图书季刊	1948 年新第 9 卷第 3/4 期
王重民	跋伦敦本王陵变文	中央日报文史周刊	第 75 期（1948 年 1 月 5 日第 9 版）
王重民	记敦煌新出的菩萨蛮	中央日报文史周刊	第 78 期（1948 年 1 月 26 日第 7 版）
王重民	说十二月	申报文史	第 7 期（1948 年 1 月 24 日）
王重民	跋四部丛刊三编影印本故唐律疏议	申报文史	第 12 期（1948 年 2 月 28 日）
王重民	跋太公家教	申报文史	第 18 期（1948 年 4 月 10 日）
王重民	说十二时	申报文史	第 22 期（1948 年 5 月 8 日）
王重民	王征遗书序	上智编译馆馆刊	1948 年第 3 卷第 6 期
王重民	美国的电影图书馆	世界月刊（上海 1946）	1948 年第 3 卷第 5 期
王重民	美国国立档案馆印像记	世界月刊（上海 1946）	1948 年第 3 卷第 4 期

续表

署名	文章名	报刊名	期数
王重民	读中央图书馆善本书目略谈我国的善本书	大公报图书周刊（天津）	第57期（1948年7月12日）
王重民	英国的电影图书馆	大公报图书周刊（天津）	第65期（1948年9月6日）
王重民	干将的故事	北平华北日报·俗文学周刊	第55期（1948年7月16日6版）
王重民	许由的故事	北平华北日报·俗文学周刊	第57期（1948年7月30日第6版）
王重民	荆轲刺秦的故事	北平华北日报·俗文学周刊	第59期（1948年8月13日第6版）
王重民	孔子与采桑娘的故事	北平华北日报·俗文学周刊	第65期（1948年9月24日第6版）
王重民	汉光武的故事	北平华北日报·俗文学周刊	第69期（1948年10月22日第6版）
王重民	“二桃杀三士”的故事	北平华北日报·俗文学周刊	第71期（1948年11月5日第6版）
王重民	鸿门宴的故事	北平华北日报·俗文学周刊	第72期（1948年11月12日第6版）
王重民	傅芸子先生与敦煌俗文学	北平华北日报·俗文学周刊	第74期（1948年11月26日第6版）

李德启

李德启（1904～1986），字子开，河北大兴（今北京大兴）人。1928年进入北海图书馆工作，任书记。1929年8月该馆与国立北平图书馆合组后，任编纂部中文编目组、编纂部满蒙文编目室馆员。1937年调赴故宫，后仍回国立北平图书馆工作，任特藏组满蒙回藏文股股长。新中国成立后，曾任北京图书馆善本部兄弟民族语文组组长，至1966年5月退休。

专书

署名	书名	出版者	出版年
李德启（编），于道泉校	满文书籍联合目录	北平：国立北平图书馆、故宫博物院图书馆	1933年
李德启（编译）	阿济格略明事件之满文木牌	北平：国立北平故宫博物院文献馆	1935年

单篇文章

署名	文章名	报刊名	期数
李德启	满洲文字之来源及其演变	国立北平图书馆馆刊	1931年第5卷第6号
李德启	满译樵史演义解题	国立北平图书馆馆刊	1933年第7卷第2号

续表

署名	文章名	报刊名	期数
李德启	满文老档之文字及史料	文献论丛	1936 年（国立北平故宫博物院十一周年纪念）
李德启	老满文上谕	文献丛编	1937 年第 2 辑
李德启	儿女英雄传里的满语释义	中央日报俗文学周刊	第 48 期（1947 年 12 月 26 日）
李德启	关于螃蟹段儿	中央日报俗文学周刊	第 69 期（1948 年 6 月 8 日）

赵万里

赵万里（1905～1980），字斐云，亦作撷云，又作飞云，别署芸盦、舜盦、蠡舟、云，浙江海宁人。1921 年考入东南大学，从吴梅研究词曲。1925 年毕业后入清华学校研究院国学门，拜王国维为师学习，后在该院任助教。1928 年 6 月到北平北海图书馆工作。1929 年 8 月该馆与国立北平图书馆合并后，先后任国立北平图书馆采访部中文采访组组长、考订组组长、馆编纂委员会特约委员、购书委员会委员、善本部主任等职，并负责编辑《国立北平图书馆馆刊》和《大公报图书副刊》。1929～1949 年，在图书馆工作之外，兼任中央研究院历史语言研究所特约研究员和通讯研究员，同时任故宫博物院图书馆和文献馆专门委员。其间又在北京大学、清华大学、辅仁大学、中国大学等校讲授目录、校勘、版本、中国戏曲史、中国文学、词史等课程。新中国成立后任北京图书馆研究员、善本特藏部主任。1979 年当选为中国图书馆学会名誉理事。主要著述有《述“彖”“方”二字义》《旧刻元明杂剧二十七种序录》《唐写本文心雕龙残卷校记》《汉魏南北朝墓志集释》《元一统志》《薛仁贵征东事略》《从简牍文化说到雕版文化——记载文字的工具发展简史》《中国印本书籍发展简史》《关汉卿史料新得》《〈永乐大典〉本〈水经注〉破镜重圆记》《中国版刻图录》《北京图书馆善本书目》等。

专书

署名	书名	出版者	出版年
赵万里（编）	校辑宋金元人词（七十三卷）	北平：国立中央研究院历史语言研究所	1931 年
赵万里（编）	北平图书馆善本书目（四卷补遗一卷）	北平：国立北平图书馆	1933 年
赵万里	汉魏六朝冢墓遗文图录	北平：国立中央研究院历史语言研究所	1936 年

单篇文章

署名	文章名	报刊名	期数
赵万里	王静安先生之考证学	大公报文学副刊	第 24 期（1928 年 6 月 18 日）

续表

署名	文章名	报刊名	期数
赵万里	评陶鸿庆老庄札记	大公报文学副刊	第25期（1928年6月25日）
赵万里	评陈延杰诗品注	大公报文学副刊	第27期（1928年7月9日）
赵万里	评赵景深中国文学小史	大公报文学副刊	第35期（1928年9月3日）
赵万里	斐云词录：雀踏枝（四阕）	大公报文学副刊	第37期（1928年9月17日）
赵万里	评朱师辙清史稿（艺文志）	大公报文学副刊	第42期（1928年10月20日）
赵万里	金刻版画（题识）	北京图书馆月刊	1928年第1卷第4号
赵万里	馆藏善本书提要	北京图书馆月刊	1928年第1卷第2号
赵万里	馆藏善本书提要	北京图书馆月刊	1928年第1卷第3号
赵万里	馆藏善本书提要	北京图书馆月刊	1928年第1卷第4号
万里	跋向滈乐斋词	北平北海图书馆月刊	1928年第1卷第5号
赵万里	馆藏善本书提要	北平北海图书馆月刊	1928年第1卷第5号

续表

署名	文章名	报刊名	期数
万里	辑佚宋词搜逸之一	北平北海图书馆月刊	1928 年第 1 卷第 5 号
万里	馆藏善本书提要	北平北海图书馆月刊	1928 年第 1 卷第 6 号
赵万里	刘申叔先生著述目录	北平北海图书馆月刊	1928 年第 1 卷第 6 号
万里	辑佚宋词搜逸之二	北平北海图书馆月刊	1928 年第 1 卷第 6 号
万里	辑佚宋词搜逸之三	北平北海图书馆月刊	1928 年第 1 卷第 6 号
赵万里	永乐大典七皆台字韵残帙跋	国立中山大学语言历史学研究所周刊	1928 年第 2 卷第 23 期
赵万里	王子高芙蓉城故事考	国立中山大学语言历史学研究所周刊	1928 年第 2 卷第 24 期
赵万里	王静安先生著述目录	国学论丛	1928 年第 1 卷第 3 期；《史学与地学》1928 年第 3 期
赵万里	王静安先生年谱	国学论丛	1928 年第 1 卷第 3 期
赵万里	王静安先生手校手批书目	国学论丛	1928 年第 1 卷第 3 期

续表

署名	文章名	报刊名	期数
赵万里	说苑斠补	国学论丛	1928 年第 1 卷第 4 期
赵万里（辑）	人间词话未刊稿及其他	小说月报	1928 年第 19 卷第 3 期
赵万里	马子严古洲词校辑（24 篇）	北大图书部月刊	1929 年第 1 卷第 2 期
赵万里	论商务印书馆出版之四部丛刊	图书馆学季刊	1929 年第 3 卷第 1/2 期
赵万里	征求王静安先生遗文手札启事	图书馆学季刊	1929 年第 3 卷第 1/2 期
赵万里识	古写本战国策残卷跋	北平北海图书馆月刊	1929 年第 2 卷第 1 号
赵万里识	馆藏善本书提要（影写明抄唐宋百家词本《苏轼东坡词二卷补遗一卷》、校明抄本《友古词一卷》）	北平北海图书馆月刊	1929 年第 2 卷第 1 号
赵万里识	辑佚宋词搜逸之四：李石方舟词	北平北海图书馆月刊	1929 年第 2 卷第 1 号
赵万里识	杨元素本事曲佚文再补	北平北海图书馆月刊	1929 年第 2 卷第 1 号
赵万里识	陈元靓岁时广记跋	北平北海图书馆月刊	1929 年第 2 卷第 2 号

续表

署名	文章名	报刊名	期数
赵万里识	馆藏善本书提要：典雅词十四种	北平北海图书馆月刊	1929 年第 2 卷第 2 号
赵万里识	辑佚宋词搜逸之五：阮阅阮户部词	北平北海图书馆月刊	1929 年第 2 卷第 2 号
赵万里识	辑佚宋词搜逸之六：陈克赤城词	北平北海图书馆月刊	1929 年第 2 卷第 2 号
赵万里识	二金人词辑	北平北海图书馆月刊	1929 年第 2 卷第 3/4 号合刊
赵万里识	馆藏永乐大典提要	北平北海图书馆月刊	1929 年第 2 卷第 3/4 号合刊
赵万里识	记永乐大典内之戏曲	北平北海图书馆月刊	1929 年第 2 卷第 3/4 号合刊
赵万里识	辑佚宋词搜逸（续）	北平北海图书馆月刊	1929 年第 2 卷第 3/4 号合刊
赵万里	永乐大典内辑出之佚书目	北平北海图书馆月刊	1929 年第 2 卷第 3/4 号合刊
万里	永乐大典内之元人佚词	北平北海图书馆月刊	1929 年第 2 卷第 3/4 号合刊
万里	永乐大典内之周美成佚诗	北平北海图书馆月刊	1929 年第 2 卷第 3/4 号合刊
万里	永乐大典辑出之佚书目补正	北平北海图书馆月刊	1929 年第 2 卷第 3/4 号合刊

续表

署名	文章名	报刊名	期数
万里	北魏江阳王元继墓志跋	北平北海图书馆月刊	1929年第2卷第5号
万里	辑佚宋词搜逸（续）	国立北平图书馆月刊	1929年第3卷第1号
万里	辑佚宋词搜逸（续）	国立北平图书馆月刊	1929年第3卷第1号
万里	辑佚渑水燕谈录佚文辑补	国立北平图书馆月刊	1929年第3卷第1号
万里	记明如韦馆刻本砚笺	国立北平图书馆月刊	1929年第3卷第1号
赵万里	介绍：书目丛刻第一集目录	国立北平图书馆月刊	1929年第3卷第1号
赵万里	水浒传双渐赶苏卿故事考	国立北平图书馆月刊	1929年第3卷第1号
赵万里	王伯良曲律缺文	国立北平图书馆月刊	1929年第3卷第1号
赵万里	花月痕小说的作者	国立北平图书馆月刊	1929年第3卷第5号
赵万里	补白：李德裕佚文（滑州瑶台观女真徐氏墓志铭并序）	国立北平图书馆月刊	1929年第3卷第5号
赵万里	俄境伊尔库次克所出唐镜二品跋	国立北平图书馆月刊	1929年第3卷第5号

续表

署名	文章名	报刊名	期数
赵万里	贵阳陈氏书目跋	国立北平图书馆月刊	1929年第3卷第5号
赵万里	明钞本晁氏宝文堂书目跋	国立北平图书馆月刊	1929年第3卷第6号
赵万里	北平图书馆善本书志（明别集类）	国立北平图书馆馆刊	1930年第4卷第1号
赵万里	北平图书馆善本书志	国立北平图书馆馆刊	1930年第4卷第4号
赵万里	补白：记长乐郑氏影印明刻新编南九宫词	国立北平图书馆馆刊	1930年第4卷第4号
赵万里	北平图书馆善本书志	国立北平图书馆馆刊	1930年第4卷第5号
赵万里	太平清调迦陵音跋	载该书，北平：故宫博物院图书馆	1930年
赵万里	宋刻淮海居士长短句跋	载该书，北平：故宫博物院图书馆	1930年
赵万里	李孝美墨谱校记	载该书，北平：故宫博物院图书馆	1930年
赵万里	国立北平图书馆图书展览会目录	国立北平图书馆馆刊	1930年第4卷第5号
赵万里	海源阁遗书经眼录（一）	国立北平图书馆馆刊	1931年第5卷第5号

续表

署名	文章名	报刊名	期数
赵万里	舜盦经眼书录之一	清华中国文学会月刊	1931年第1卷第2期
赵万里	洛阳出土古象棋盘	国立北平图书馆馆刊	1932年第6卷第2号
赵万里	元明乐府套数举略序	载周明泰选辑该书	1932年
云	新书介绍：都铎尔期之地理学	国立北平图书馆馆刊	1933年第7卷第6号
云	新书介绍：法国近代作家艺文志	国立北平图书馆馆刊	1933年第7卷第6号
赵万里	两宋诸史监本存佚考	国立中央研究院历史语言研究所编印，庆祝蔡元培先生六十五岁论文集（上）	1933年
赵万里	景印四库全书罕传本拟目	国风（南京）	1933年第3卷第2期；《国立北平图书馆馆刊》第7卷第5号
赵万里	芸盦群书题记	大公报图书副刊（天津）	第6期（1933年12月7日）
赵万里	芸盦群书题记	大公报图书副刊（天津）	第8期（1934年1月6日）

续表

署名	文章名	报刊名	期数
赵万里	芸盦群书题记	大公报图书副刊(天津)	第9期(1934年1月13日)
赵万里	芸盦群书题记	大公报图书副刊(天津)	第17期(1934年3月10日)
赵万里	芸盦群书题记	大公报图书副刊(天津)	第21期(1934年4月7日);《国立北平图书馆馆刊》1934年第8卷第3号
赵万里	四部丛刊续编的评价	大公报图书副刊(天津)	第23期(1934年4月21日)
赵万里	四部丛刊续编的评价	大公报图书副刊(天津)	第24期(1934年4月28日)
赵万里	悼内藤虎次郎氏	大公报图书副刊(天津)	第34期(1934年7月7日)
赵万里	从天一阁说到东方图书馆	国立北平图书馆馆刊	1934年第8卷第1号;《大公报图书副刊》第12期(1934年2月3日)
赵万里	重整范氏天一阁藏书记略	国立北平图书馆馆刊	1934年第8卷第1号;《大公报图书副刊》第12期(1934年2月3日)

续表

署名	文章名	报刊名	期数
赵万里	散曲的历史观	文学（上海1933）	1934年第2卷第6期
赵万里	宋椠周礼郑注跋	载该书，北平文禄堂	1934年
赵万里	丛书集成初编样本观后感	益世报·读书周刊	第3期（1935年6月20日）
赵万里	元龙墓志跋	益世报·读书周刊	第30期（1935年12月26日）
赵万里	彭城王元勰妃李瑗华墓志跋	益世报·读书周刊	第30期（1935年12月26日）
赵万里	书评：河南金石志图第一集	清华学报	1936年第11卷第2期
赵万里	明永乐本蚓窍集跋	大公报图书副刊（天津）	第118期（1936年2月20日）
赵万里	明本野菜博录跋	大公报图书副刊（天津）	第119期（1936年2月27日）
赵万里	明万历本华阳集跋	大公报图书副刊（天津）	第119期（1936年2月27日）
赵万里	影宋钞本默堂先生文集跋	载四部丛刊三编本默堂先生文集	上海：商务印书馆，1936年
赵万里	明嘉靖本莆阳黄仲元四如先生文稿跋	载四部丛刊三编本莆阳黄仲元四如先生文稿	上海：商务印书馆，1936年

续表

署名	文章名	报刊名	期数
赵万里	跋今乐考证	大公报图书副刊（天津）	第122期（1936年3月19日）
赵万里	辑佚：清真集校辑	国立北平图书馆馆刊	1937年第11卷第1号
赵万里	元明杂剧之新发现	燕京学报	1938年第24期
舜盦	跋明抄本糖霜谱	图书季刊	1941年新第3卷第1/2期
赵万里	魏宗室东阳王荣与敦煌写经	中德学志	1943年第5卷第3期
赵万里	写在琵琶记之后	艺文杂志	1943年第1卷第4期
斐云	谈柳词	艺文杂志	1944年第2卷第1期
舜盦	跋馆藏卢文构李月相夫妇墓志	图书季刊	1946年新第7卷第3/4期
舜盦	程氏墨苑杂考	中法汉学研究所图书馆馆刊	1946年第2期
舜盦	洛阳新出尔朱敞父子墓志考证	民国日报图书副刊（天津）	第19期（1946年11月29日）
赵万里	金元素事迹考	北平华北日报俗文学周刊	第5期（1947年8月1日）
赵万里	跋洛阳近出陈叔明墓志	图书季刊	1947年新第8卷第3/4期

续表

署名	文章名	报刊名	期数
赵万里	跋汤舜民笔花集	图书季刊	1947年新第8卷第3/4期
赵万里	古志新证	民国日报图书副刊（天津）	第27期（1947年1月24日）
赵万里	古志新证	民国日报图书副刊（天津）	第28期（1947年1月31日）
赵万里	古志新证	民国日报图书副刊（天津）	第29期（1947年2月7日）
赵万里	古志新证	民国日报图书副刊（天津）	第31期（1947年2月21日）
赵万里	古志新证	民国日报图书副刊（天津）	第36期（1947年3月28日）
赵万里	古志新证	民国日报图书副刊（天津）	第38期（1947年4月11日）
赵万里	古志新证	民国日报图书副刊（天津）	第40期（1947年4月25日）
赵万里	跋尔朱敞父子墓志	图书季刊	1948年新第9卷第1/2期

李永安

李永安（1905～1939），字文钦，河北昌平（今北京昌平）人。1928年9月进入北平北海图书馆工作，任编目科科员。

1929 年 8 月该馆与国立北平图书馆合并后，任国立北平图书馆编纂部西文编目组馆员、总务部文书组馆员。1933 年 6 月考入文华图书馆学专科学校，1935 年 6 月毕业后回馆，供职西文编目组，曾先后派往协和医院图书馆襄助该馆西文编目，也曾赴南京工程参考图书馆短期工作。1939 年病故。

单篇文章

署名	文章名	报刊名	期数
李永安	打字须知	文华图书馆学专科学校季刊	1934 年第 6 卷第 4 期
李永安（译）	图书馆学问题（卜特勒）	文华图书馆学专科学校季刊	1936 年第 8 卷第 1 期

曾宪三

曾宪三（1900 ~ ?），字省盦，湖北武昌人。1925 年毕业于文华图书馆学专科学校本科。毕业后应聘到清华大学图书馆工作。1928 年 10 月到北平北海图书馆工作，任编目科馆员。1929 年 8 月该馆与国立北平图书馆合并后，任国立北平图书馆采访部官书组组长兼西文编目组组员，西文编目组组长兼官书组组长、馆编纂委员会委员。1936 年 8 月派赴美国，在哥伦比亚大学图书馆学习。1937 年自哥伦比亚大学毕业后，至美国国会图书馆实习。1938 年 6 月在美实习期满，应美国国会图书馆之聘，在该馆协助编目工作。1939 年暑假后，受聘于哈佛大学汉和图书馆，主编中文书籍目录，又先后在克拉克大学图书馆实习两年，1944 年至斯坦福大学图书馆实习，主持中文书籍编目事宜，被聘为斯坦福大学图书馆高级编目员。1946 年 5 月由美返国，回平馆任采访部编目组主任、《图书季刊》英文编辑部编辑，1947 年年初离职，转任武昌华中大学图书馆馆长兼文华图书馆学专科学校教授。

专书

署名	书名	出版者	出版年
曾宪三	北平各图书馆西文期刊联合目录续编	北平：国立北平图书馆	1933 年

单篇文章

署名	文章名	报刊名	期数
曾宪三	杜威博士传略	中华图书馆协会会报	1932 年第 7 卷第 4 期
曾宪三（译）	奥国国立图书馆——维也纳，国立图书馆（爱士德尔）	文华图书馆学专科学校季刊	1935 年第 7 卷第 3/4 期合刊
H. S. 曾	李棠阶	*Eminent Chinese of the Ch'ing period*（《清代名人传略》）	ArthurW. Hummel 主编，Washington：U. S. Govt. Print. Off，1943—1944

续表

署名	文章名	报刊名	期数
H. S. 曾	李慈铭	*Eminent Chinese of the Ch'ing period*（《清代名人传略》）	ArthurW. Hummel 主编，Washington：U. S. Govt. Print. Off，1943—1944

顾子刚

顾子刚（1899～1984），字子刚，笔名子刚、刚。上海人。1919 年毕业于上海圣约翰大学历史系，文学士。毕业后曾任天津南开中学英文教员，1924 年 9 月转聘清华大学图书馆，任参考员，负责参考部事务。1928 年 11 月转职北平北海图书馆，任馆员。1929 年北海图书馆与国立北平图书馆合并后，任国立北平图书馆编纂委员会委员兼西文期刊组组长、购书委员会委员兼书记，并担任《国立北平图书馆馆刊》编委、英文版《图书季刊》编辑，《中华图书馆协会会报》编委等。抗战时期留守北平，担任馆“行政委员会”委员，为维持北平图书馆在沦陷区的馆务运行、保护馆产等方面发挥重要作用。在职期间还曾兼任大同书店经理，为西文图书采访和中外文献交换提供便利条件。1943 年任编目部主任。新中国成立后，任阅览部主任，1956 年被聘为副研究员。1973 年年底自馆退休。

单篇文章

署名	文章名	报刊名	期数
刚	新书介绍：东方美术季刊	北平北海图书馆月刊	1928 年第 1 卷第 5 号
刚	新书介绍：罗雅拉教育索引	北平北海图书馆月刊	1928 年第 1 卷第 5 号
T. K. Koo	The Evolution of the Chinese Book	*Libraries in China*	Peiping：Library Association of China，1929
顾子刚	时论撮要：图书馆与学问（鲍士伟）	图书馆学季刊	1930 年第 4 卷第 3/4 期
子刚	时论撮要：地脱芮脱出纳法（乌维林）	图书馆学季刊	1930 年第 4 卷第 3/4 期
刚	大英博物院图书部报告	中华图书馆协会会报	1930 年第 5 卷第 4 期
刚	牛津大学图书馆延长开放时间	中华图书馆协会会报	1930 年第 5 卷第 4 期
顾子刚记	韩君墓发见略记	国立北平图书馆馆刊	1933 年第 7 卷第 1 号
刚	新书简讯：康藏轺征	图书季刊	1934 年第 1 卷第 2 期
刚	新书介绍：清代燕都梨园史料	图书季刊	1934 年第 1 卷第 4 期

续表

署名	文章名	报刊名	期数
T. K. K	LOOKING BACK	*Quarterly Bulletin of Chinese Bibliography*［《图书季刊（英文本）》］	1934 年第 1 卷第 4 期
Koo，T. K	Some Economic Documents Relating to the Genesis of the Japanese - Sponsored Regime in North China	Far Eastern Quarterly	6.1（Nov 1，1946）
顾子刚	顾子刚先生捐赠本馆图书目录	图书季刊	1946 年新第 7 卷第 3/4 期
刚	新书介绍：美国国会图书馆书目二种（EdwardsBros）	图书季刊	1947 年新第 8 卷第 1/2 期

李钟履

李钟履（1906～1983），字仲和，笔名李东凡、李仲和、奚为生，山东阳谷人。1925 年毕业于北京私立财政商业专科学校。1928 年 11 月进入北海图书馆任馆员。1929 年 8 月该馆与国立北平图书馆合并后，任国立北平图书馆文书组馆员。1930 年 9 月考入文华图书馆学专科学校，1932 年 6 月以优异成绩毕业，回到国立北平图书馆复职，先后任采访部西文采访组馆员、编纂部西文编目组组长，并协助中华图书馆协会事务。其间曾被借调至北京协和医学院图书馆编目，还曾被借调至山西太谷铭贤学校图书馆任主任，主持馆务。新中国成立后，先后担任北京图书馆阅览组组长、推广组组长、《图书馆通讯》编辑、全国中心图书馆委员会兼任秘书等。1959 年担任全国图书馆联合目录编辑组领导工作。在北京图书馆工作至退休。主要论著有《图书馆学书籍联合目录》《图书馆学论文索引》《发动群众开展书目编制工作》《必须做好图书资料工作》等。

专书

署名	书名	出版者	出版年
李钟履	乡村图书馆经营法之研究	武昌：文华图书科季刊社	1931 年
李钟履	图书馆参考论	北平：中华图书馆协会	1933 年
李钟履	北平协和医学院图书馆馆况实录	北平：中华图书馆协会	1933 年

单篇文章

署名	文章名	报刊名	期数
李钟履（译）	美国杂志精选（Frank K. Walter）	武昌文华图书科季刊	1931 年第 3 卷第 4 期
李钟履	乡村图书馆经营法之研究	武昌文华图书科季刊	1931 年第 3 卷第 2 期

续表

署名	文章名	报刊名	期数
李钟履	图书馆参考论	图书馆学季刊	1931 年第 5 卷第 2 期
凡	书报介绍：中国古今地名大辞典	读书月刊（北平）	1931 年第 1 卷第 2 期
凡	书报介绍：生物地理概说	读书月刊（北平）	1931 年第 1 卷第 2 期
凡	书报介绍：人类在自然界的位置	读书月刊（北平）	1931 年第 1 卷第 3 期
李钟履	图书馆参考论（续）	图书馆学季刊	1932 年第 6 卷第 2 期
李钟履	图书馆参考论（再续）	图书馆学季刊	1932 年第 6 卷第 3 期
李钟履（译）	美国杂志精选（Frank K. Walter）	文华图书馆学专科学校季刊	1932 年第 4 卷第 1 期
凡	书报介绍：莫斯科印象记	读书月刊（北平）	1932 年第 1 卷第 4 期
凡	书报介绍：生理学	读书月刊（北平）	1932 年第 1 卷第 5 期
凡	书报介绍：帝国主义者在华航业发展史	读书月刊（北平）	1932 年第 1 卷第 5 期
凡	书报介绍：考古学通论	读书月刊（北平）	1932 年第 1 卷第 5 期
凡	书报介绍：人类婚姻史	读书月刊（北平）	1932 年第 1 卷第 7 期

续表

署名	文章名	报刊名	期数
凡	书报介绍：荆轲（一樵戏剧之一）	读书月刊（北平）	1932年第1卷第7期
凡	书报介绍：父与子	读书月刊（北平）	1932年第1卷第8期
凡	书报介绍：哲学（文化科学丛书之一）	读书月刊（北平）	1932年第1卷第8期
凡	书报介绍：时代公论（周刊）	读书月刊（北平）	1932年第1卷第8期
凡	书报介绍：日本对华之交通侵略	读书月刊（北平）	1932年第1卷第9期
凡	书报介绍：煤与文明	读书月刊（北平）	1932年第1卷第9期
凡	书报介绍：清华周刊文史专号	读书月刊（北平）	1932年第1卷第9期
凡	书报介绍：独立评论（周刊）	读书月刊（北平）	1932年第1卷第9期
凡	书报介绍：中国学术思想史（高中师范教本）	读书月刊（北平）	1932年第1卷第10期
凡	书报介绍：岩石发生史	读书月刊（北平）	1932年第1卷第10期
凡	书报介绍：明日之教育	读书月刊（北平）	1932年第1卷第10期
凡	书报介绍：世界矿产与世界政治	读书月刊（北平）	1932年第1卷第11期

续表

署名	文章名	报刊名	期数
凡	书报介绍：人类学泛论	读书月刊（北平）	1932 年第 1 卷第 11 期
凡	书报介绍：新月志摩纪念号	读书月刊（北平）	1932 年第 1 卷第 12 期
李钟履（译）	图书馆与儿童（鲍士伟）	图书馆学季刊	1933 年第 7 卷第 2 期
李钟履	图书馆参考论（三续）	图书馆学季刊	1933 年第 7 卷第 3 期
李钟履	北平协和医学院图书馆概况实录	图书馆学季刊	1934 年第 8 卷第 1 期
李钟履	北平协和医学院图书馆概况实录（续）	图书馆学季刊	1934 年第 8 卷第 2 期
李钟履	北平协和医学院图书馆概况实录（续）	图书馆学季刊	1934 年第 8 卷第 3 期
李钟履（译）	加达鲁尼亚民众图书馆概况（鲁璧原）	文华图书馆学专科学校季刊	1934 年第 6 卷第 2 期
李钟履（译）	西班牙民众图书馆概况（伐彼提）	文华图书馆学专科学校季刊	1934 年第 6 卷第 2 期
李钟履（译）	坡托里科民众图书馆概况（俄聂尔）	文华图书馆学专科学校季刊	1934 年第 6 卷第 2 期
李钟履（译）	瑞典民众图书馆概况（丁勒尔）	文华图书馆学专科学校季刊	1934 年第 6 卷第 2 期
李钟履（译）	南亚非利加民众图书馆概况（斯特林）	文华图书馆学专科学校季刊	1934 年第 6 卷第 2 期

续表

署名	文章名	报刊名	期数
凡	新书介绍：两淮水利盐垦实录	图书季刊	1935 年第 2 卷第 1 期
凡	新书介绍：八十九种明代传记综合引得	图书季刊	1935 年第 2 卷第 2 期
凡	新书介绍：中国植物学文献评论	图书季刊	1935 年第 2 卷第 4 期
李钟履	山西铭贤学校图书馆概况	图书馆学季刊	1936 年第 10 卷第 3 期
李钟履（译）	美国 Dartmouth 大学之 Baker 图书馆（Larson Jens Fredrick）	中央军校图书馆月报	1936 年第 26 期
奚为生	杂感妄录	中华图书馆协会会报	1937 年第 12 卷第 5 期
李仲和（译）	中欧图书馆近况	中华图书馆协会会报	1937 年第 12 卷第 6 期
凡	图书介绍：孙子十三篇章句训义	图书季刊	1940 年新第 2 卷第 2 期
凡	图书介绍：中国古代社会新研初稿：孔德研究所丛刊之三	图书季刊	1941 年新第 3 卷第 3/4 期
李钟履	七七事变后平（北平）市图书馆状况调查（1941 年 9 月）	中华图书馆协会会报	1941 年第 16 卷第 1/2 期
李钟履	七七事变后北平图书馆状况调查（续）	中华图书馆协会会报	1942 年第 16 卷第 3/4 期

续表

署名	文章名	报刊名	期数
李东凡	中国新兴图书馆事业的厄运	新思潮	1946 年第 1 卷第 3 期
李东凡	中国新兴图书馆事业的厄运（续）	新思潮	1946 年第 1 卷第 4 期
李东凡	中国新兴图书馆事业的厄运（续完）	新思潮	1946 年第 1 卷第 5 期
李钟履（译）	文摘：现代美国短篇小说岛瞰（Bennett Cerf）	新思潮	1946 年第 1 卷第 4 期
李仲和（译）	战争期间苏联剧界青年的动态（John Macleod）	新思潮	1946 年第 1 卷第 4 期
李钟履（译）	释梦（西格门·弗洛伊德）	新思潮	1946 年第 1 卷第 5 期
李东凡（译）	动荡中的阿拉伯人：觉醒的中东，亲苏欤？联美欤？(Edwin Muller)	世界与中国（北平）	1947 年第 2 卷第 3 期
李仲和（译）	美国的人种与国家（E. A. Benians）	新自由	1947 年第 1 卷第 3 期
李钟履（译）	黑帽子（小说）（约翰·司坦贝克）	新自由	1947 年第 1 卷第 3 期
李仲和（译）	美国的人种与国家（续）（E. A. Benians）	新自由	1947 年第 1 卷第 4 期

王祖彝

王祖彝（1888～?），字念伦，河北文安人。京师译学馆毕业，曾任北洋政府教育部主事。1928年8月参加国立北平图书馆筹备委员会工作，任职员，1929年1月改任国立北平图书馆文书组馆员，1934年8月起任文书组代理组长、组长。1949年后离职。论著有《三国志人名录》，合编有《文安王氏宗谱》。

专书

署名	书名	出版者	出版年
王念伦	中华民国疆域沿革录	北平：五典书房	1935年版

单篇文章

署名	文章名	报刊名	期数
王祖彝	京师图书馆回顾录	中华图书馆协会会报	1931年第7卷第2期
王念伦	志书销沉一斑	中华图书馆协会会报	1932年第8卷第3期
王祖彝	文安王氏宗谱序例	世界日报图书馆周刊	第66号（1936年6月3日）

陈璧如

陈璧如（1901～1975），字遵和，女，福建福州人。毕业于北京女子高等师范学校和师范大学研究院。1929 年 3 月至 1931 年 3 月在国立北平图书馆工作，任编纂部索引组组员。1930 年参与中国左翼作家联盟北方部的筹建工作，并当选为北平左联执行委员。1932 年上半年，在上海参加中国社会科学家联盟，同年 7～12 月，任中共北平市文化工作委员会委员。1933 年 2 月后，历任中共天津市委宣传部干事、“中国民族武装自卫委员会”筹备会（简称“武卫会”）总务部长及党团成员。1937 年 5 月后到延安工作，曾任陕北公学科长、延安中央研究院中国教育研究室成员、延安第一保育院院长等。新中国成立后，当选为中国人民政治协商会议第四届全国委员会委员。

专书

署名	书名	出版者	出版年
陈璧如等	文学论文索引	北平：中华图书馆协会	1932 年

梁廷灿

梁廷灿（1898？～？），字存吾，广东新会人。图书馆学家。中学毕业后常年跟随梁启超，为梁启超安排各种事务，帮助管理私人图书等。1925 年梁启超担任清华国学研究院导师后，梁廷灿到清华大学图书馆工作，并被清华国学研究院聘为助教。1929 年 4 月至 1933 年在国立北平图书馆工作，任编纂部中文编目组馆员。1930 年，梁启超饮冰室藏书全部捐赠给国立北平图书馆，梁廷灿等四人受馆委派赴天津点收，并于 1933 年编成《梁氏饮冰室藏书目录》。日本侵华后，梁廷灿返乡。后因病逝于新会平民医院。著作有《宋词三种》《饮冰室藏书目初编》（与吴其昌合编）、《〈疑年录〉补篇》等。

专书

署名	书名	出版者	出版年
梁廷灿编	历代名人生卒年表	上海：商务印书馆	1930 年

单篇文章

署名	文章名	报刊名	期数
梁廷灿	年谱考略（柳宗元年谱一卷）	国立北平图书馆馆刊	1929 年第 3 卷第 1 期
梁廷灿	年谱考略（杜工部年谱十二种）	国立北平图书馆馆刊	1929 年第 3 卷第 2 期
梁廷灿	年谱考略（庚子山年谱一卷）	国立北平图书馆馆刊	1929 年第 3 卷第 3 期
梁廷灿	年谱考略（曲江张公年谱两种）	国立北平图书馆馆刊	1929 年第 3 卷第 4 期
梁廷灿	年谱考略（曹子建年谱两种）	国立北平图书馆馆刊	1929 年第 3 卷第 5 期
梁廷灿	文渊文津孰为残本	北平晨报·学园	1933 年 8 月 14 日

蔡元培

蔡元培（1868～1940），初字鹤卿，小字阿培，改字仲申，又字民友、孑民（一作号），号鹤庼，又号孑农、鹤青、竞平、锷青，自号会稽山人，化名蔡振，别名周子馀，又署子馀，人称阿世。浙江绍兴人。光绪十五、十六年（1889 年、1890 年）连中举人、进士，授翰林院编修。戊戌变法失败后弃官回乡，从事教育工作，任绍兴中西学堂监督。后到上海，任南洋公学教习，创办爱国女校，任校长；与章太炎等成立中国教育会，任会长；又创办爱国学社、爱国女校，创刊《俄事警闻》，与陶成章、龚宝铨等组织光复会，被推为会长。1905 年加入同盟会。其后留学德国。入民国后，任南京临时政府和北京临时政府教育总长。1917 年出任北京大学校长。1927 年后，任国民政府常务委员、监察院长、代理司法部长等职，创议成立大学院作为全国最高学术教育行政机关。大学院成立后被任命为大学院院长，1928 年辞去各行政职务，专任国立中央研究院院长。其间，于 1929 年 8 月至 1940 年 3 月兼任国立北平图书馆馆长，还兼任交通大学、中法大学、国立西湖艺术院（后改为杭州艺专）等多所高等学校校长、院长以及故宫博物院理事长。著述有《中国伦理学史》《简易哲学纲要》《中国人的修养》《石头记索隐》《中学修身教科书》《欧洲美学小史》《美育代宗教说》，合编有《教授法原理》，辑选有《文变》，译有《伦理学原理》《哲学要领》等。

专书

署名	书名	出版者	出版年
蔡元培	中国伦理学史	上海：商务印书馆	1937 年

单篇文章

署名	文章名	报刊名	期数
蔡元培	参观励志社以后的感想	励志	1929 年第 2 期
蔡元培	国立北京大学卅一周年纪念刊序	北京大学卅一周年纪念刊	1929 年纪念刊
蔡元培	说总理的惟生史观	新光	1929 年第 9 期
蔡元培	怎样才配称做现代学生	现代学生（上海 1930）	1930 年创刊号
蔡元培	以美育代宗教	现代学生（上海 1930）	1930 年第 1 卷第 3 期
蔡元培	“恋爱与义务”序	影戏杂志	1931 年第 1 卷第 11/12 期
蔡元培	介绍：中法大学药学专修科章程	医药评论	1931 年第 60 期
蔡元培	救济水灾应增加农产注意造林	农业周报	1931 年第 1 卷第 22 期
蔡元培	万案韩案发生后之对日问题	新社会	1931 年第 1 卷第 4 期

续表

署名	文章名	报刊名	期数
蔡元培	万鲜惨案与今后对日问题	新亚细亚	1931年第3卷第1期
蔡元培	中华职业教育社宣言	教育与职业	1931年第122期
蔡元培	陈树人画集序	铁路月刊：津浦线	1932年第2卷第6~7期
蔡元培	雕刻	开明中学讲义	1932年第1卷第3期
蔡元培	题良友摄影团	良友	1932年第69期
蔡元培	文明与奢侈	开明中学讲义	1932年第1卷第1期
蔡元培	家庭教育	兴华	1933年第30卷第1期
蔡元培	家庭教育是学校教育的基础：大东书局家庭教育讲座	现代父母	1933年第1卷第1期
蔡元培	萧伯讷颇有老当益壮的感想	论语	1933年第12期
蔡元培	介绍点直横斜检字法（附图）	现代学生（上海1930）	1934年第3卷第4期
蔡元培	民族学上之进化观	新社会科学	1934年第1卷第4期
蔡元培	书杜亚泉先生遗事	新社会	1934年第6卷第2期

续表

署名	文章名	报刊名	期数
蔡元培	吾国文化运动之过去与将来	兴华	1934 年第 31 卷第 34 期
蔡元培	赵燏黄、徐伯鋆编著现代本草生药学序	新医药刊	1934 年第 14 期
蔡元培	慈幼的新意义	现代父母	1935 年第 3 卷第 6 期
蔡元培等	假如我的年纪回到二十岁	大众画报	1935 年第 18 期
蔡元培	教与学	教与学	1935 年第 1 卷第 1 期
蔡元培	全国专家对于读经问题的意见	教育杂志	1935 年第 25 卷第 5 期
蔡元培等	实施义务教育标本兼治办法	苏声月刊	1935 年第 2 卷第 2 期
蔡元培	为什么要研究学问	学校生活	1935 年第 107 ~ 108 期
蔡元培	怎样研究哲学（上海读书运动大会播音讲稿）	读书季刊	1935 年第 1 卷第 1 期
蔡元培	我的读书经验	读书季刊	1935 年第 1 卷第 2 期
蔡元培	我青年时代的读书生活	读书生活	1935 年第 2 卷第 6 期
蔡元培	丁在君先生对于中央研究院之贡献	独立评论	1936 年第 188 期

续表

署名	文章名	报刊名	期数
蔡元培	高剑父的正、反、合	艺术建设	1936年第1期
蔡元培	国立中央研究院进行工作大纲	新北辰	1936年第2卷第6期
蔡元培	墨子的非攻与善守	生活星期刊	1936年第1卷第19期
蔡元培	苏联版画展览	中苏文化杂志	1936年第1卷第1期
蔡元培	辛亥那一年	越风	1936年第20期
蔡元培	序金公亮美学原论	黄钟	1936年第8卷第7期
蔡元培	中央研究院与中国科学研究之概况	新北辰	1936年第2卷第1期
蔡元培	反侵略会歌（诗歌）	现实（上海1939）	1940年第8期
蔡元培	我在教育界的经验	福建教育	1940年新第1卷第4期

胡鸣盛

胡鸣盛（1886～1971），字文玉，笔名观复。湖北应县人。文史学家，教育家。1918年7月毕业于北京大学国学研究所，获文学学士学位，旋即受聘于该所，协助整理明、清两朝档案，兼任国史编纂处湖北省名誉征集员。1921年，改任北京医科专门学校教授。1929 年 8 月应聘于国立北平图书馆，任馆编纂委员会委员兼善本部写经组组长。主持重编敦煌遗书目录，惜未能出版。1935 年 7 月，转任山东大学图书馆主任兼中文系教授。次年，返北平就任故宫博物院特询委员会委员。“七七事变”后回乡隐居。家乡应城解放后，当选为湖北省政协委员、湖北省人大代表、应城县副县长等。胡鸣盛精通哲学、法学，对经学、史学、训诂均有很深造诣，尤精于文字、音韵及版本、目录、校勘之类。著述有《扁鹊仓公列传注》《韦庄词注》《故宫杂钞》《唐诗选读》等数十种。

专书

署名	书名	出版者	出版年
胡鸣盛	陈士元先生年谱	北平：国立北平图书馆	1929 年（《国立北平图书馆月刊》第 3 卷第 5 期抽印本）
胡鸣盛	四库荟要目录索引	出版者不详	1930 年
胡鸣盛	敦煌写本佛经草目	北平：中央刻经院	1933 年

单篇文章

署名	文章名	报刊名	期数
胡鸣盛	有子学案（从洙泗学案中别出）	读书月刊（北平）	1932 年第 2 卷第 1 期

续表

署名	文章名	报刊名	期数
胡鸣盛	关于选印四库本之我见	北平晨报·学园	1933年8月15日
胡鸣盛	安定先生年谱	国立山东大学文史丛刊	1934年第1期
胡鸣盛	敦煌写本佛经草目（国立北平图书馆皮藏）	康健杂志	1934年第2卷第3期

刘国钧

刘国钧（1899～1980），字衡如，江苏南京人。1920年毕业于南京金陵大学哲学系，后留校图书馆工作，1922年赴美国威斯康星大学学习哲学，其间加修图书馆学课程，1925年获哲学博士学位后回国，任金陵大学教授兼图书馆主任。1929年10月受聘至国立北平图书馆，任编纂部兼阅览部主任、馆编纂委员会委员，主编《图书馆学季刊》。1931年因母病请假回南京，1933年2月从国立北平图书馆解职，仍回金陵大学，先后任教授兼图书馆馆长、文学院院长。抗战期间随金陵大学内迁，1943年任西北图书馆筹备主任，1944年任馆长，1949年任顾问。其间曾担任西北师范学院教育系教授、中央大学教授兼哲学系主任。新中国成立后，于1951年8月调至北京大学，任图书馆学系教授兼图书馆学教研室主任，主讲图书馆目录、中国书史、西方图书馆分类法介绍等课程，1958年起担任北京大学图书馆学系主任。同时还兼任国家科委图书小组成员、全国第一中心图书馆委员会委员、北京图书馆顾问。1979年被推选为中国图书馆学会名誉理事。其著述宏富，主要有《中文图书编目条例》《图书馆目录》《中国图书分类法》《西方主要图书分类法评述》《图书馆学要旨》《图书怎样分类》《中国书史简编》《中国的印刷》《中国古代书籍制度史话》等。还著有一些哲学、教育学、历史学、心理学和道教史等方面的著述，如《三国佛典录》《西汉时代道教概说》《历史哲学之需要》《老子神话考略》等。译著有《学校与社会》《政治思想》。

专书

署名	书名	出版者	出版年
刘衡如、吴蔚人（译）	政治理想（罗素）	上海：中华书局	1920年
刘国钧	中国图书分类法	南京：金陵大学图书馆	1929年
刘国钧	中文图书编目条例草案	北平：中华图书馆协会	1930年
刘国钧	古代通俗小说目录学论略	出版者不详	1933年

单篇文章

署名	文章名	报刊名	期数
刘国钧等	对于商务印书馆刊行万有文库之意见	河南教育	1929年第2卷第3期；《开明》（上海）1928年第2卷第4期

续表

署名	文章名	报刊名	期数
衡如	图书馆界同人对于万有文库之意见	中华图书馆协会会报	1929 年第 5 卷第 1/2 合期
刘国钧	社会科学的方法	社会学刊	1929 年第 1 卷第 1 期
衡	时论撮要：芝加哥大学之图书馆学研究院（韦尔克斯）	图书馆学季刊	1929 年第 3 卷第 3 期
衡	时论撮要：近来之大学图书馆建筑（革尔特著）	图书馆学季刊	1929 年第 3 卷第 3 期
衡	时论撮要：图书馆学校中之特种编目法（曼女士）	图书馆学季刊	1929 年第 3 卷第 3 期
衡	时论撮要：博物院图书馆与地方文献	图书馆学季刊	1929 年第 3 卷第 3 期
衡	时论撮要：工业及商业图书馆（耶斯德）	图书馆学季刊	1929 年第 3 卷第 3 期
衡	时论撮要：养成学校图书馆馆员之要素（柯克士著）	图书馆学季刊	1929 年第 3 卷第 4 期
衡	时论撮要：威斯特堡之儿童图书馆（俄菲苞女士著）	图书馆学季刊	1929 年第 3 卷第 4 期
衡	时论撮要：读者自己管理借书	图书馆学季刊	1929 年第 3 卷第 4 期

续表

署名	文章名	报刊名	期数
刘国钧	中文图书编目条例草案（附表）	图书馆学季刊	1929年第3卷第4期，1929年中华图书馆协会出版抽印本
刘国钧	杜威的教育学说	陕西教育周刊	1930年第3卷第40期；《辽宁教育公报》第17期
衡	西雅图十年之图书馆计划	中华图书馆协会会报	1930年第5卷第4期
刘国钧	图书馆内之参考事业	武昌文华图书科季刊	1931年第3卷第3期
刘国钧	管理：怎样开始分类图书	民众教育	1931年第3卷第4/5期
刘国钧	社会科学的几条基本假定	社会学刊	1931年第2卷第2期
刘国钧	两汉时代道教概说	金陵学报	1931年第1卷第1期
刘国钧	后汉译经录	金陵学报	1931年第1卷第2期
衡	时论撮要：哥尔德齐黑图书馆之东方部（耶路撒冷贝克满著）	图书馆学季刊	1931年第5卷第1期

续表

署名	文章名	报刊名	期数
衡	时论撮要：一个城市中的巡回图书汽车（美国卜洛德著）	图书馆学季刊	1931 年第 5 卷第 1 期
衡	时论撮要：昆斯县巡回书车之费用与流通书数	图书馆学季刊	1931 年第 5 卷第 1 期
衡	时论撮要：弗锐谢尔流域地之巡回图书汽车（英属哥仑比亚贝慈孙著）	图书馆学季刊	1931 年第 5 卷第 1 期
衡	时论撮要：亚克地亚大学之巡回书车（加拿大英格纳罕著）	图书馆学季刊	1931 年第 5 卷第 1 期
衡	时论撮要：图书馆内零星杂件之整理排列法（美国雷夏勃女士著）	图书馆学季刊	1931 年第 5 卷第 2 期
刘国钧	学风：为纪念刘伯明先生作	国风（南京）	1932 年第 9 期
刘国钧	三国佛典录	金陵学报	1932 年第 2 卷第 2 期
衡	时论撮要：小图书馆之参考工作（美国布朗女士著）	图书馆学季刊	1932 年第 6 卷第 1 期
衡	时论撮要：指定参考书用书架公开制（美国希尔著）	图书馆学季刊	1932 年第 6 卷第 1 期

续表

署名	文章名	报刊名	期数
衡	时论撮要：广告术的研究（美国惠勒著）	图书馆学季刊	1932 年第 6 卷第 1 期
衡	时论撮要：图书馆中光线问题（美国麦克顿脑著）	图书馆学季刊	1932 年第 6 卷第 1 期
衡	时论撮要：新建筑一束	图书馆学季刊	1932 年第 6 卷第 1 期
衡	时论撮要：图书馆设计中之刚性与弹性（美国库普门著）	图书馆学季刊	1932 年第 6 卷第 1 期
衡	时论撮要：学校内之图书馆学时（美国普利迦尔女士著）	图书馆学季刊	1932 年第 6 卷第 1 期
衡	时论撮要：学校图书馆之宣传（美国霞飞女士著）	图书馆学季刊	1932 年第 6 卷第 1 期
刘国钧	西晋佛典录（附书板）	金陵学报	1933 年第 3 卷第 2 期

王树伟

王树伟（1909～?），字仲奇，河北清苑人（一说宛平）。察哈尔省立第一中学毕业，1929 年 10 月到国立北平图书馆工作，任编纂部中文编目组书记、馆员。新中国成立后，曾任北京图书馆图书馆学研究部组长。著述有《书目索引工作》《全国各大图书馆调查概况（藏书和编目情况）》《记最近所见几部珍本戏曲小说》《爰斩两考》等。

单篇文章

署名	文章名	报刊名	期数
王树伟	王锡棨泉货汇考评	世界日报图书馆周刊	第21号（1935年12月11日）
王树伟	国立北平图书馆排印汉卡片目录导言	中华图书馆协会会报	1936年第11卷第5期
王树伟辑	胡展堂先生遗著辑略	中华图书馆协会会报	1936年第11卷第6期
王树伟	钱志新编	世界日报图书馆周刊	第82号（1936年9月30日）
王树伟	中文著者号码编制法的探讨	图书馆学季刊	1936年第10卷第2期

谢国桢

谢国桢（1901～1982），字刚主，又简署刚、主，晚署刚主老人，别署罗墅湾（老）人，室名特筹籀史斋、傭书堂、瓜蒂庵，河南安阳人。历史学家及版本学、目录学专家。1926年毕业于清华学校研究院国学门，毕业后被梁启超邀为家庭教师，并参加梁启超主编的《中国图书大辞典》编纂工作。1929年到国立北平图书馆工作，任编纂部中文编目组组员，1931年起任馆编纂委员会委员，1936年任金石部代理主任，其间曾在中央大学史学系任讲师。1938 年辞馆职，离职后曾在北平临时大学、云南大学、王华书馆讲学、任教，也曾供职于大中银行。1949 年任南开大学教授，兼中国历史教研室主任。1957 年调到中国科学院历史研究所，任研究员，直至逝世。曾任国务院古籍整理出版规划小组顾问。著述有《清初流人开发东北史》《南明史略》《明清笔记谈丛》《史料学概论》《两汉社会生活概述》等。

专书

署名	书名	出版者	出版年
谢刚主	郑成功与张苍水	北平：中华平民教育促进总会	1929 年，1932 年第 2 版
谢刚主纂述	李二曲先生学谱	北平：中华平民教育促进总会	1929 年
谢刚主纂述	顾宁人先生学谱	上海：商务印书馆	1930 年
谢刚主	民间歌谣的研究	北平：中华平民教育促进总会	1930 年，1932 年第 2 版
谢刚主编著	郑芝龙	北平：中华平民教育促进总会	1930 年，1932 年第 2 版
谢国桢辑	清开国史料考（六卷，考补一卷）	北平：国立北平图书馆	1931 年
谢国桢	黄梨洲学谱	上海：商务印书馆	1932 年

续表

署名	书名	出版者	出版年
谢国桢	明季奴变考	北平：国立清华大学	1932 年
谢国桢（辑）	晚明史籍考（二十卷）	北平：国立北平图书馆	1932 年
谢刚主	颜元寻父	北平：中华平民教育促进总会	1932 年第 2 版
谢刚主	苏东坡的故事	北平：中华平民教育促进总会	1932 年第 2 版
谢国桢（辑）	清初史料四种	北平：国立北平图书馆	1933 年
谢国桢（辑）	顾宁人学谱	上海：商务印书馆	1933 年
谢国桢	孙夏峰李二曲学谱	上海：商务印书馆	1934 年
谢国桢	明清之际党社运动考	上海：商务印书馆	1934 年
谢国桢	北平图书馆善本丛书第一集（明代边疆之书）	上海：商务印书馆	1935 年
谢刚主	两粤纪游	北平：禹贡学会	1936 年
谢国桢	吴大澂尺牍	上海：商务印书馆	1936 年
谢国桢（辑）	国立北平图书馆善本丛书第一集	上海：商务印书馆	1937 年

单篇文章

署名	文章名	报刊名	期数
谢国桢	塔影园集跋	北平北海图书馆月刊	1929 年第 2 卷第 5 号

续表

署名	文章名	报刊名	期数
谢国桢	彭茗斋先生著述考	国立北平图书馆月刊	1929 年第 3 卷第 1 号
谢国桢	清初三藩史籍考：晚明史籍考之一	国立北平图书馆月刊	1929 年第 3 卷第 6 号
谢国桢	晚明史籍考（未完）	国立北平图书馆馆刊	1930 年第 4 卷第 1 号
谢国桢	晚明史籍考（续）	国立北平图书馆馆刊	1930 年第 4 卷第 2 号
谢国桢	晚明史籍考（续）	国立北平图书馆馆刊	1930 年第 4 卷第 4 号
谢国桢（译）	明奴儿干永宁寺碑考（内藤虎次郎）	国立北平图书馆馆刊	1930 年第 4 卷第 6 号
谢国桢	清初东南沿海迁界考：附图表	国学季刊	1930 年第 2 卷第 4 号
谢国桢	清太祖实录残卷跋	学文	1930 年第 1 卷第 1 期创刊号
谢国桢	庄氏史案参校诸人考	图书馆学季刊	1930 年第 4 卷第 3/4 期
谢国桢	叠石名家张南垣父子事辑	国立北平图书馆馆刊	1931 年第 5 卷第 6 号
谢国桢	东夷考略跋	学文	1931 年第 1 卷第 2 期
谢国桢	耐岩考史录跋	学文	1931 年第 1 卷第 2 期

续表

署名	文章名	报刊名	期数
谢国桢	晚明史籍考序例	学文	1931 年第 1 卷第 3 期
谢国桢	苏东坡的故事	农民	1931 年第 6 卷第 22 期
谢国桢	苏东坡的故事（续）	农民	1931 年第 6 卷第 23 期
谢国桢	民间歌谣的研究（未完）	农民	1931 年第 6 卷第 31 期
谢国桢	民间歌谣的研究（二）	农民	1931 年第 6 卷第 32 期
谢国桢	民间歌谣的研究（三）	农民	1931 年第 6 卷第 33 期
谢国桢	民间歌谣的研究（四）	农民	1931 年第 6 卷第 34 期
谢国桢	民间歌谣的研究（五）	农民	1931 年第 6 卷第 35 期
谢国桢（译）	清朝初期之继嗣问题（读史丛录本）（内藤虎次郎）	国学丛编	1931 年第 1 卷第 1 期
谢国桢（译）	清朝初期之继嗣问题（读史丛录本）（内藤虎次郎）	国学丛编	1932 年第 1 卷第 6 期
谢国桢（译）	清朝初期之继嗣问题（读史丛录本）（内藤虎次郎）	国学丛编	1932 年第 2 卷第 1 期

续表

署名	文章名	报刊名	期数
谢国桢	明季奴变考	清华学报	1932 年第 8 卷第 1 期
谢国桢	荆驼逸史跋	学文	1932 年第 1 卷第 5 期
谢国桢	清开国史料考书名著者通检	国立北平图书馆馆刊	1932 年第 6 卷第 4 号
主	书报介绍：章实斋年谱	读书月刊（北平）	1932 年第 1 卷第 6 期
主	书报介绍：邵念鲁年谱	读书月刊（北平）	1932 年第 1 卷第 7 期
主	书报介绍：国学概论	读书月刊（北平）	1932 年第 1 卷第 11 期
主	书报介绍：庐山古今游记丛钞：宋陈舜俞庐山记	读书月刊（北平）	1932 年第 1 卷第 12 期
谢国桢	营造法式版本源流考	中国营造学社汇刊	1933 年第 4 卷第 1 期
谢国桢	明清史料研究	金陵学报	1933 年第 3 卷第 2 期
谢国桢	评“再论名流与景印四库珍本”	时代公论（南京）	1933 年第 81 期
谢国桢	对于选印四库全书之管见	北平晨报·学园	1933 年 8 月 14 日

续表

署名	文章名	报刊名	期数
谢国桢	诗录：挑灯不寐书怀寄吴子馨	国风（南京）	1934 年第 4 卷第 9 期
谢国桢	梁任公先生遗事：少年时代	国风（南京）	1934 年第 5 卷第 5 期
谢国桢	大同石窟寺	国风（南京）	1934 年第 5 卷第 6/7 期
谢国桢	陈梦雷李光地事迹辨（附表）	新中华	1934 年第 2 卷第 12 期
谢国桢	编纂丛书子目类编义例	金陵学报	1934 年第 4 卷第 2 期
谢国桢	儿童作品：深夜中的小贩声（随笔）	儿童世界（上海 1922）	1934 年第 34 卷第 7 期
主	学术界消息：蒙兀儿史记增刊即将出版	图书季刊	1934 年第 1 卷第 2 期
谢国桢	记辽陵石刻及其他关于讨论辽陵之文字	图书季刊	1935 年第 2 卷第 3 期；《大公报图书副刊》第 66 期（1935 年 2 月 14 日）
主	新书介绍：首都志	图书季刊	1935 年第 2 卷第 4 期
主	新书介绍：异国物语考译	图书季刊	1935 年第 2 卷第 4 期

续表

署名	文章名	报刊名	期数
谢国桢	三省矿防考跋	大公报图书副刊（天津）	第127期（1936年4月23日）
刚主	书评：渤海国志四种	图书季刊	1936年第3卷第3期；《大公报图书副刊》第149期（1936年9月24日）
谢刚主	晚明史话	逸经	1936年第1期
谢刚主	两粤纪游（未完）	禹贡（半月刊）	1935年第4卷第9期
谢刚主	两粤纪游（续）	禹贡（半月刊）	1935年第4卷第11期
谢刚主	两粤纪游（续，完）	禹贡（半月刊）	1935年第4卷第12期
谢国桢	吴窸斋尺牍跋	考古	1937年第1期（总第6期）
谢国桢	东北史稿跋	禹贡（半月刊）	1937年第7卷第1/2/3期
谢国桢	国立北平图书馆善本丛书第一集序跋（上）	商务印书馆出版周刊	1937年新第222号
谢国桢	国立北平图书馆善本丛书第一集序跋（下）	商务印书馆出版周刊	1937年新第223号

续表

署名	文章名	报刊名	期数
谢国桢	国立北平图书馆善本丛书第一集叙录	大公报图书副刊（天津）	第166期（1937年1月21日）；《同行月刊》1937年第5卷第1~3期
谢国桢	近代书院学校制度变迁考	张菊生先生七十生日纪念论文集	1937年
谢刚主	论是非（漫谈）	经世	1937年第1卷第6期

许国霖

许国霖（1901~1943），字雨新，湖南湘阴人。北平平民大学毕业，曾任国史编纂处征料员、湘阴县乡村教育筹办委员会委员。1929年10月到国立北平图书馆工作，先后任善本部写经组书记、馆员，阅览部参考组馆员。在馆期间，纂辑有《敦煌石室写经题记》《敦煌杂录》《敦煌石室写经题记汇编》等工具书。1937年离平南下。1940年被委派在贵州财政厅第四科办事，负责整理档案及编制索引诸工作。

专书

署名	书名	出版者	出版年
许国霖	敦煌石室写经题记	北平：国立北平图书馆	1935 年
许国霖	越缦堂东都事略札记	北平：国立北平图书馆	1936 年（《国立北平图书馆馆刊》1936 年第 10 卷第 2 号抽印本）
许国霖	敦煌石室写经题记汇编	上海：佛学书局	1936 年
许国霖	敦煌石室写经题记与敦煌杂录	上海：商务印书馆	1937 年

单篇文章

署名	文章名	报刊名	期数
许国霖	敦煌石室写经题记	国立北平图书馆馆刊	1935 年第 9 卷第 6 号
许国霖	敦煌石室写经题记汇编	微妙声	1936 年第 1 卷第 1 期
许国霖	敦煌石室写经题记汇编	微妙声	1936 年第 1 卷第 2 期
许国霖	敦煌石室写经题记汇编	微妙声	1936 年第 1 卷第 3 期

续表

署名	文章名	报刊名	期数
许国霖	敦煌石室写经题记汇编	微妙声	1936 年第 1 卷第 4 期
许国霖	佛教论文索引	微妙声	1936 年第 1 卷第 7 期
许国霖	佛教论文索引	微妙声	1936 年第 1 卷第 8 期
许国霖辑	越缦堂东都事略札记	国立北平图书馆馆刊	1936 年第 10 卷第 2 号，同年由北平图书馆出版抽印本
许国霖	敦煌石室写经年代表	微妙声	1937 年第 1 卷第 5 期
许国霖	敦煌石室写经题记汇编补遗	微妙声	1937 年第 1 卷第 6 期

张桂森

张桂森（1905～?），字月如，河北大兴（今北京大兴）人。1929 年 11 月到国立北平图书馆工作，任阅览部阅览组组员。1936 年 9 月考入文华图书馆学专科学校学习，1937 年肄业回馆，任会计组组员、组长。1946 年离职后，在北平中华观光社总务组、业务组工作。

单篇文章

署名	文章名	报刊名	期数
张桂森	我所参观北平的几个图书馆	文华图书馆学专科学校季刊	1937 年第 9 卷第 1 期

赵兴国

赵兴国（1909～?），字听民，山东日照人。1930 年 1 月至 1940 年任职国立北平图书馆，先后任总务部庶务组书记，编纂部中文编目组书记、馆员。

单篇文章

署名	文章名	报刊名	期数
赵兴国	拳匪史料辑目	人文（上海 1930）	1936 年第 7 卷第 7 期；《中华图书馆协会会报》1936 年第 12 卷第 1 期
赵兴国	北平图书馆所藏日文佛教书目	微妙声	1936 年第 1 卷第 4 期

陈丽泉

陈丽泉（1909～?），字华峰，笔名丽，北平市人。1930 年 3 月至 1933 年 6 月任职国立北平图书馆工作，先后任期刊部中文期刊组和阅览部阅览组书记。

单篇文章

署名	文章名	报刊名	期数
丽	时论撮要：四库全书孤本选目	图书馆学季刊	1931 年第 5 卷第 1 期
丽	时论撮要：四库全书选印目录表	图书馆学季刊	1931 年第 5 卷第 1 期
丽	时论撮要：图书馆之功用	图书馆学季刊	1931 年第 5 卷第 1 期
丽	时论撮要：理想图书馆	图书馆学季刊	1931 年第 5 卷第 1 期
丽	时论撮要：图书馆在今日之重要	图书馆学季刊	1931 年第 5 卷第 1 期
丽	时论撮要：图书馆对于民众教育之价值	图书馆学季刊	1931 年第 5 卷第 1 期
丽	时论撮要：儿童图书馆的必要	图书馆学季刊	1931 年第 5 卷第 1 期
丽	时论撮要：满蒙研究之文献	图书馆学季刊	1931 年第 5 卷第 3/4 期
丽	时论撮要：由公开了图书馆大门说到图书馆下乡去	图书馆学季刊	1931 年第 5 卷第 3/4 期
丽	时论撮要：整理图书馆几个简要的步骤	图书馆学季刊	1931 年第 5 卷第 3/4 期

续表

署名	文章名	报刊名	期数
陈丽泉	关于抗日刊物调查表	读书月刊（北平）	1932 年第 1 卷第 7 期
陈丽泉	二十年度新刊中国期刊调查表	中华图书馆协会会报	1932 年第 7 卷第 4 期
丽	时论撮要：理想的中学图书馆	图书馆学季刊	1933 年第 7 卷第 1 期

向　达

向达（1900～1966），字觉明，笔名觉明、方回、佛陀耶舍（佛驮耶舍）、翳螉生、明、方，别署觉民居士。湖南溆浦人，土家族。1919 年考入南京高等师范学校，1923 年毕业后入省立东南大学学习。1924 年毕业，先后任商务印书馆编辑所编辑、江苏省立国学图书馆印行部兼访购部主干。1930 年 8 月至 1935 年 9 月任国立北平图书馆编纂委员会委员。1935 年派赴英国，初在牛津大学图书馆任交换馆员，后在大不列颠博物馆研究敦煌卷子和太平天国文书。1937 年夏，在柏林、巴黎等地博物馆、图书馆中，抄录我国流出国外的珍贵史料，并拍照。1938 年秋回国，先任浙江大学史地系教授，不久转任西南联大历史系教授兼北京大学文科研究所中西交通史导师。1941 年，应中央研究院历史语言研究所之约，赴敦煌考察莫高窟等。1943 年，任西北科学考察团历史考古组组长，再赴敦煌，考察壁画艺术。抗战胜利后，回北平仍任北京大学教授。1948 年年底，参加北大护校委员会，并接任北大图书馆馆长。新中国成立后，任北大历史系教授兼北京大学图书馆馆长，中国科学院哲学社会科学部历史研究所第二所副所长、学部委员，《历史研究》和《考古学报》编委，中国人民政治协商会议全国委员会委员等职。其著作有《敦煌学导论》《玉门关阳关杂考》《论敦煌千佛洞的管理研究及其他连带的几个问题》《昭武考》《记现存几个古本大唐西域记》《敦煌藏经过眼录》《西征小记》《莫高榆林二窟杂考》《敦煌艺术与西域的关系》等，译著《社会科学史纲》，校注《西洋番国志》《郑和航海图》《蛮书校注》等。

专书

署名	书名	出版者	出版年
向达（译）	史学	上海：商务印书馆	1930 年
向达（译）	亚里士多德伦理学	上海：商务印书馆	1933 年
向达	中外交通小史	上海：商务印书馆	1933 年
向达	唐代长安与西域文明	北平：燕京大学哈佛燕京学社	1933 年
向达	印度现代史	上海：商务印书馆	1933 年
向达	明清之际中国美术所受西洋之影响	王云五、李圣五主编《东方艺术与西方艺术》，上海：商务印书馆	1933 年
向达（译）	最近世界各国形势（第一册）（鲍曼）	南京：钟山书局	1933 年
向达	中西交通史	上海：中华书局	1934 年

续表

署名	书名	出版者	出版年
向达（译）	甘地自传（甘地）	上海：中华书局	1934 年
向达（译）	匈奴史（帕刻）	上海：商务印书馆	1934 年
向达（译）	斯坦因西域考古记（斯坦因）	上海：中华书局	1936 年
向达、黄静渊（译）	鞑靼千年史（帕刻）	上海：商务印书馆	1936 年

单篇文章

署名	文章名	报刊名	期数
觉明译	俄国大革命以后图书馆事业概况（Dmitri N. Egorov）	中华图书馆协会会报	1930 年第 6 卷第 1 期
向达（译）	国际知识合作的新发展（Joris Vorstius）	中华图书馆协会会报	1930 年第 6 卷第 2 期
向达（译）	道尔顿制与中学图书馆（未完）	中华图书馆协会会报	1930 年第 6 卷第 3 期
向达	明清之际中国美术所受西方之影响	东方杂志	1930 年第 27 卷第 1 期，收入商务印书馆 1933 年出版的《东方艺术与西方艺术》

续表

署名	文章名	报刊名	期数
向达	斯坦因黑水获古纪略（附斯坦因氏黑水所获西夏文书略目）	国立北平图书馆馆刊	1930 年第 4 卷第 3 期
明	中国雕板史上之又一段古文献	国立北平图书馆馆刊	1930 年第 4 卷第 4 期
向达	书熊三拔泰西水法后	国立北平图书馆馆刊	1930 年第 4 卷第 5 期
向达	汉唐间西域及海南诸国古地理书叙录	国立北平图书馆馆刊	1930 年第 4 卷第 6 期
向达（译）	斯坦因敦煌获书记（斯坦因）	图书馆学季刊	1930 年第 4 卷第 3/4 期
觉明	中国四大发明考之一（附图）	中学生	1930 年第 5 期
向觉明	论龟兹白姓	大公报文学副刊	第 148 期（1930 年 11 月 10 日）；《女师大学术季刊》1931 年第 2 卷第 2 期
向达辑抄	敦煌丛抄	国立北平图书馆馆刊	1931 年第 5 卷第 6 期
向觉明	论龟兹白姓答刘盼遂先生	女师大学术季刊	1931 年第 2 卷第 2 期
向觉明	论龟兹白姓兼答冯承钧先生	女师大学术季刊	1931 年第 2 卷第 2 期

续表

署名	文章名	报刊名	期数
觉明	战后欧美各国小学校历史教育的目标及其内容	中华教育界	1931年第19卷第6期
明	书报介绍：达衷集（鸦片战争前中英交涉史料）	读书月刊（北平）	1931年创刊号
觉明译	道尔顿制与中学图书馆（续完）	中华图书馆协会会报	1931年第6卷第4期
觉明译	期刊名称缩写国际标准法	中华图书馆协会会报	1931年第6卷第6期
向达	圆明园罹劫七十年纪念述闻	中国营造学社汇刊	1931年第2卷第1期；《大公报文学副刊》第151~152期
向达	圆明园遗物文献之展览	中国营造学社汇刊	1931年第2卷第1期，与上文同收入中国营造学社1931年出版的《圆明园遗物与文献》
向达（译）	中国雕版印刷术之全盛时期（卡忒）	图书馆学季刊	1931年第5卷第3/4期
向达（译）	斯坦因第三次中亚考古略记（斯坦因）	大公报文学副刊	第159~163期（1931年1月26日~2月23日）

续表

署名	文章名	报刊名	期数
向达	敦煌丛抄	国立北平图书馆馆刊	1932 年第 6 卷第 2 号
向达	评黄文弼近著高昌三种	国立北平图书馆馆刊	1932 年第 6 卷第 5 号；《国风半月刊》1933 年第 2 卷第 4 期
向达	敦煌丛抄	国立北平图书馆馆刊	1932 年第 6 卷第 6 号
觉明	战后欧美各国小学校历史教育的方法和程序	中华教育界	1932 年第 19 卷第 7 期
觉明	苏联小学校的历史教育	中华教育界	1932 年第 19 卷第 8 期
向达（译）	亨丁敦论日美战争（亨丁敦）	时代公论（南京）	1932 年第 15 期
向达（译）	现存最古印本及冯道雕印群经	图书馆学季刊	1932 年第 6 卷第 1 期
向达（译）	论印钞币（卡忒）	图书馆学季刊	1932 年第 6 卷第 4 期
明（译）	美国图书馆中之中国书籍	浙江省立图书馆月刊	1932 年第 1 卷第 4 号
向达	唐代长安与西域文明	史学年报	1933 年第 1 卷第 5 期

续表

署名	文章名	报刊名	期数
向达	唐代开元前后长安之胡化	国风（南京）	1933 年第 3 卷第 11 期
佛陀耶舍	徐光启逝世三百年纪念	北辰杂志	1933 年第 5 卷第 19 期；《公教周刊》第 247 期，《国风》第 4 卷第 1 期，《圣教杂志》第 23 卷第 6 期
向觉明	方玉润著述考	文学季刊（北平）	1934 年第 1 卷第 1 期
明	新书介绍：关于徐光启之新刊三种：增订徐文定公集	图书季刊	1934 年第 1 卷第 1 期
明	学术界消息：任启运遗著之新刊	图书季刊	1934 年第 1 卷第 2 期
明	学术界消息：李文田著作志闻	图书季刊	1934 年第 1 卷第 2 期
明	学术界消息：全宋词典词语丛刻	图书季刊	1934 年第 1 卷第 2 期
明	学术界消息：刘师培遗著之发刊	图书季刊	1934 年第 1 卷第 2 期
明	学术界消息：中国陶磁图录	图书季刊	1934 年第 1 卷第 2 期

续表

署名	文章名	报刊名	期数
明	学术界消息：渤海国都城遗址之发掘	图书季刊	1934 年第 1 卷第 2 期
明	学术界消息：万国地理学联合会大会特于今年开会于波兰	图书季刊	1934 年第 1 卷第 2 期
明	新书简讯：墨子大义述伍非百著	图书季刊	1934 年第 1 卷第 2 期
明	新书简讯：博史附乐客戏谱	图书季刊	1934 年第 1 卷第 2 期
明	新书简讯：咸同贵州军事史	图书季刊	1934 年第 1 卷第 2 期
明	新书简讯：车里，李拂一著	图书季刊	1934 年第 1 卷第 2 期
明	新书简讯：东方学报东京第四册	图书季刊	1934 年第 1 卷第 2 期
明	新书简讯：乐学轨范九卷	图书季刊	1934 年第 1 卷第 2 期
明	新书简讯：新罗史研究，日本今西龙博士遗著	图书季刊	1934 年第 1 卷第 2 期
明	新书简讯：东洋天文学史研究，日本新城新藏博士著	图书季刊	1934 年第 1 卷第 2 期

续表

署名	文章名	报刊名	期数
明	新书简讯：嘉靖南宫县志南宫邢氏求己斋依北平图书馆藏明刊本景印	图书季刊	1934 年第 1 卷第 2 期
明	新书简讯：西儒耳目资三册	图书季刊	1934 年第 1 卷第 2 期
明	新书简讯：梁质人年谱（汤中著）	图书季刊	1934 年第 1 卷第 2 期
明	新书简讯：文献丛编第十五辑第十六辑	图书季刊	1934 年第 1 卷第 2 期
明	新书简讯：北平笺谱郑西谛鲁迅合编	图书季刊	1934 年第 1 卷第 2 期
明	新书介绍：辽文存六卷附艺文志一卷金石目卷（缪荃孙辑）	图书季刊	1934 年第 1 卷第 3 期
觉明	新书介绍：新出云南边务书三种（《云南边地问题研究》《滇录》《滇西兵要界务图注》）	图书季刊	1934 年第 1 卷第 3 期
觉明	书评：我的探险生涯：亚洲腹地旅行记	图书季刊	1934 年第 1 卷第 3 期
觉明	书评：最近各国的历史教学	图书季刊	1934 年第 1 卷第 3 期

续表

署名	文章名	报刊名	期数
觉明	书评：佛游天竺记考释	图书季刊	1934 年第 1 卷第 4 期
舍	新书介绍：楚器图释	图书季刊	1934 年第 1 卷第 4 期
佛陀耶舍	陆若汉答朝鲜李荣后书跋	国风（南京）	1934 年第 4 卷第 4 期
向达	跋明陈诚《西域行程记》及李暹《西域番国志》（一）（二）	禹贡（半月刊）	1934 年第 2 卷第 3/4 期
佛陀耶舍	徐光启小传	大侠魂	1934 年第 3 卷第 1/2 期
向达	唐代俗讲考	燕京学报	1934 年第 16 期
向达、刘节	西北文物展览会瞥记	大公报图书副刊（天津）	第 29 期（1934 年 6 月 2 日）
向觉明	明清之际之宝卷文学与白莲教	文学（上海）	1934 年第 2 卷第 6 期
向达（译）	柏朗嘉宾游记（柏朗嘉宾）	史学（北京）	1935 年第 1 期
向达	记刘继庄	方志月刊	1935 年第 8 卷第 11/12 期
向达	青年心理建设的难关	中兴周刊（武昌）	1935 年第 4 卷第 9 期
向达	新加坡的赖佛尔博物馆及图书馆	图书馆学季刊	1935 年第 9 卷第 3/4 期

续表

署名	文章名	报刊名	期数
方	新书介绍：中国音乐史（王光祈编）	图书季刊	1935 年第 2 卷第 1 期
方	新书介绍：郑和下西洋考（伯希和著，冯承钧译）	图书季刊	1935 年第 2 卷第 2 期
方	新书介绍：瀛涯胜览校注	图书季刊	1935 年第 2 卷第 2 期
方	新书介绍：伊阙石刻图表（二卷）	图书季刊	1935 年第 2 卷第 3 期
觉明	新书介绍：记刘继庄（王勤堉纂刘继庄先生年谱初稿）	图书季刊	1935 年第 2 卷第 4 期
方	读物介绍：瀛涯胜览校注	商务印书馆出版周刊	1935 年新第 147 期
向达	瀛涯琐志：记牛津所藏的中文书	国风（南京）	1936 年第 8 卷第 12 期；《国立北平图书馆馆刊》1936 年第 10 卷第 5 号
向达	记伦敦的敦煌俗文学	新中华	1937 年第 5 卷第 13 期
向达	日本古代文化源流及其发展——侧重中日交通史的研究	教育学报	1938 年第 2 号

徐家璧

徐家璧（1907～?），字完白，笔名璧，湖北江陵人。1930年6月，毕业于文华图书馆学专科学校图书本科，8月进入国立北平图书馆工作，先任编目部西文编目组组员，1936年9月任采访部官书组组长。1937年年底奉命南下，被派往平馆驻香港办事处，负责协助征集图书及通信联络等事宜。1938年8月调平馆驻昆明办事处，协助西南联合大学图书馆工作，编制入藏图书目录、索引兼征求外国书籍等，并在西南联合大学及文华图书馆学专科学校兼职授课，还担任平馆创办的英文版《图书季刊》编辑。1940年转职私立华中大学图书馆，任馆长。1941年在平馆驻缅甸仰光办事处负责运输事宜，同年改就滇缅铁路局图书馆馆长。1943年辞滇缅铁路图书馆职，仍返平馆任编纂，同年5月起转任国际学术文化资料供应委员会主任干事，分配利用及保管盟国捐赠我国的图书影片。1945年应英国文化协会聘请，作为英国文化委员会和图书馆协会任访问学者，自渝赴英考察图书馆事业，并介绍中国图书馆情况，以促进中英两国图书馆界合作。1947年由英赴美，以非录取生资格参加了哥伦比亚大学多项研究生课程，并由平馆介绍，前往哥伦比亚大学东亚图书馆协助编目事务。1949年获得图书馆学硕士学位。后曾任哥伦比亚大学教授。在文华图书馆学专科学校学习期间，有多篇译文：《英文参考书百种选》《图书馆专业之研究》《出纳法概述》《理想的图书馆流通部职员》等。

专书

署名	书名	出版者	出版年
徐家璧	国立北平图书馆入藏西文期刊分类简目	北平：国立北平图书馆	1936 年
徐家璧	*A classified catalogue of western books on library science in the National library of Peiping*（《北平图书馆藏图书馆学西文书籍分类目录》）	北平：国立北平图书馆	1936 年

单篇文章

署名	文章名	报刊名	期数
徐家璧（译）	芬兰民众图书馆概况（坎勒琳）	文华图书馆学专科学校季刊	1934 年第 6 卷第 2 期
徐家璧（译）	法兰西民众图书馆概况（昂利俄）	文华图书馆学专科学校季刊	1934 年第 6 卷第 2 期
徐家璧（译）	法国国立图书馆（爱士德尔）	文华图书馆学专科学校季刊	1935 年第 7 卷第 3/4 期合刊
徐家璧	儿童图书馆设计与设备论略	图书馆学季刊	1936 年第 10 卷第 1 期
璧	时论撮要：推进图书馆服务效能刍议	图书馆学季刊	1936 年第 10 卷第 3 期
完白	新书介绍：图书馆行政时论集	中华图书馆协会会报	1940 年第 14 卷第 4 期

续表

署名	文章名	报刊名	期数
徐家璧（译）	图书馆员职业道德规约（美国图书馆协会职业道德规约委员会）	中华图书馆协会会报	1940 年第 14 卷第 5 期
完白	新书介绍：汉籍考源	中华图书馆协会会报	1940 年第 14 卷第 5 期

孙楷第

孙楷第（1898～1986），字子书，别号孙子公、钝翁、小旋风柴进里人，室名居仁堂。河北沧县人。1922 年考入北京高等师范学校（今北京师范大学前身）国文系，1928 年毕业，留校任助教，兼《中国大辞典》编纂处编辑。1930 年 9 月转职国立北平图书馆，任馆员、馆编纂委员会委员，1935 年任写经组组长，兼任国立北平师范大学、辅仁大学、北京大学等校讲师。1941 年因日伪强行接管平馆，愤然离职。1942 年受聘为辅仁大学讲师。自 1945 年起，任北京大学国文系副教授、教授。其间于 1945 年年底至 1946 年年初任国立北平图书馆索引组组长。1948 年转任燕京大学国文系教授。1953 年调入北京大学文学研究所（后改为中国社会科学院文学研究所），任研究员。他毕生致力于古代通俗小说和戏曲研究，著述有《戏曲小说书录解题》《元曲家考略》及论文集《沧州集》《沧州后集》等。

专书

署名	书名	出版者	出版年
孙楷第	三言二拍源流考	出版者不详	1931 年
孙楷第	日本东京及大连图书馆所见中国小说书目提要	北平：国立北平图书馆、中国大辞典编纂处	1932 年
孙楷第（编）	中国小说书目	北平：国立北平图书馆	1932 年
孙楷第（编）	中国通俗小说书目	北平：国立北平图书馆中国大辞典编纂处	1933 年
孙楷第（编）	唱喏考	北平：辅仁大学	1933 年（《辅仁学志》第 4 卷第 1 期抽印本）
孙楷第（编）	小说旁证	北平：国立北平图书馆	1935 年（《国立北平图书馆馆刊》第 9 卷第 1 号抽印本）
孙楷第（编）	中国通俗小说提要	北平：国立北平图书馆	1936 年（《国立北平图书馆馆刊》第 5 卷第 5 号抽印本）
孙楷第（编）	吴昌龄与杂剧西游记	出版者不详	1939 年（《辅仁学志》第 8 卷第 1 期抽印本）
孙楷第	述也是园旧藏古今杂剧	北平：图书季刊社	1940 年

续表

署名	书名	出版者	出版年
孙楷第	唐代俗讲之科范与体裁	北平：国立北京大学	1937年（《国学季刊》第6卷第2号抽印本）
孙楷第	评明季滇黔佛教考	北平：国立北平图书馆	出版年不详（《国立北平图书馆图书季刊》单行本）

单篇文章

署名	文章名	报刊名	期数
孙楷第	跋馆藏新镌陈眉公先生批评列国志传	国立北平图书馆馆刊	1930年第4卷第5号
孙楷第	关于儿女英雄传	国立北平图书馆馆刊	1930年第4卷第6号
楷	（补白）谁是曹孟德的老同年	学文	1930年第1卷第1期
孙楷第	宋朝说话人的家数问题	学文	1930年第1卷第1期
孙楷第	刘子新论校释（一卷）	王重民辑《西苑丛书》第一辑	1930年
楷	元杂剧中的王翛然	学文	1931年第1卷第2期

续表

署名	文章名	报刊名	期数
楷	所谓“宋人词话”	学文	1931 年第 1 卷第 2 期
孙楷第	三言二拍源流考	国立北平图书馆馆刊	1931 年第 5 卷第 2 号
孙楷第	中国通俗小说提要	国立北平图书馆馆刊	1931 年第 5 卷第 5 号
孙楷第	钓金龟故事溯原	图书馆学季刊	1931 年第 5 卷第 2 期
孙楷第	释“兀的”	国语周刊	1931 年第 1 卷第 21 期
孙楷第	释“兀的”（续）	国语周刊	1931 年第 1 卷第 22 期
孙楷第	释“兀的”（续）	国语周刊	1931 年第 1 卷第 23 期
孙楷第	中国通俗小说书目凡例	国语周刊	1932 年第 3 卷第 74 期
孙楷第	中国通俗小说书目分类说明	国语周刊	1932 年第 3 卷第 75 期
孙楷第	李笠翁著无声戏即连城璧解题	国立北平图书馆馆刊	1932 年第 6 卷第 1 号
孙楷第	董解元弦索西厢记中的两个典故	国立北平图书馆馆刊	1932 年第 6 卷第 2 号
孙楷第	在日本东京所见之明本水浒传	学文	1932 年第 1 卷第 5 期

续表

署名	文章名	报刊名	期数
楷	灯花婆婆	学文	1932 年第 1 卷第 5 期
楷	郎主郎君	学文	1932 年第 1 卷第 5 期
柴进里人	谈谈日本的“煎饼”	读书月刊（北平）	1932 年第 1 卷第 8 期
孙楷第	序跋汇录：辑雍熙乐府本西厢记序	图书馆学季刊	1933 年第 7 卷第 1 期
孙楷第	论教育部选印四库全书	北平晨报·学园	1933 年 8 月 22 日
孙楷第	读韩非子札记	国立北平图书馆月刊	1935 年第 9 卷第 2 号
孙楷第	李笠翁与十二楼：亚东图书馆重印十二楼序	图书馆学季刊	1935 年第 9 卷第 3/4 期
孙楷第	唐代俗讲之科范与体裁	国学季刊	1936 年第 6 卷第 2 期
孙楷第	敦煌写本张义潮变文跋	大公报图书副刊（天津）	第 145 期（1936 年 8 月 27 日）；《图书季刊》1936 年第 3 卷第 3 期
孙楷第	敦煌写本张淮深变文跋	国立中央研究院历史语言研究所集刊	1937 年第 7 本（第 3 分册）

续表

署名	文章名	报刊名	期数
孙楷第	说歧路人	益世报·读书周刊	第91期（1937年3月18日）
孙楷第	吴昌龄与杂剧西游记	图书季刊	1939年新第1卷第2期
孙楷第	书评：评明季滇黔佛教考	图书季刊	1940年新第2卷第4期
孙楷第	水浒传旧本考：由高阳李氏藏本百回本水浒传推测旧本水浒传	图书季刊	1941年新第3卷第3/4期
孙楷第	书会与杂剧之兴盛	香港星岛日报俗文学周刊	第4期（1941年1月25日）
孙楷第	“竹马”	香港星岛日报俗文学周刊	第7期（1941年2月15日）
孙楷第	论“折”	香港星岛日报俗文学周刊	第9期（1941年3月1日）
孙楷第	论捷讥引戏	香港星岛日日报俗文学周刊	第11期（1941年3月15日）
孙楷第	说驾头杂剧	香港星岛日报俗文学周刊	第12期（1941年3月22日）
孙楷第	说“开”	香港星岛日报俗文学周刊	第16期（1941年4月19日）
孙楷第	跋李章武传	香港星岛日报俗文学周刊	第22期（1941年6月14日）

续表

署名	文章名	报刊名	期数
孙楷第	由高阳李氏藏百回本《水浒传》推测旧本《水浒传》（未完）	香港星岛日报俗文学周刊	第25期（1941年7月5日）
孙楷第	由高阳李氏藏百回本《水浒传》推测旧本《水浒传》（未完）	香港星岛日报俗文学周刊	第26期（1941年7月12日）
孙楷第	由高阳李氏藏百回本《水浒传》推测旧本《水浒传》（完）	香港星岛日报俗文学周刊	第27期（1941年7月19日）

徐绪昌

徐绪昌（1907～?），字缵武，河南安阳人。1930年9月至1932年12月任职国立北平图书馆，为编纂部索引组组员。后曾任《文汇报》新闻助理编辑。

专书

署名	书名	出版者	出版年
徐绪昌	国学论文索引续编	北平：中华图书馆协会	1931年

单篇文章

署名	文章名	报刊名	期数
徐绪昌（译）	苏俄各地农民的自述（Anna. Louise Strong）	俄罗斯研究	1932 年第 3 卷第 1 期

张恩龙

张恩龙，生卒年不详。字云史，江苏苏州人。曾任共近丛书社编辑。1930 年 9 月至 1931 年 8 月，任国立北平图书馆采访部中文采访组组员。

单篇文章

署名	文章名	报刊名	期数
张恩龙	明清两代来华外人考略	图书馆学季刊	1930 年第 4 卷第 3/4 期
张恩龙	明清两代来华外人考略（续）	图书馆学季刊	1931 年第 5 卷第 1 期

胡　英

胡英（1906～?），北平人。保定河北大学毕业，曾任河北省政府秘书处图书馆室主任。1931 年 2 月应聘国立北平图书馆工作，任编目部西文编目组兼采访部官书组组员、采访部中文采访组兼官书组组员。1937 年 4 月应济宁县立图书馆借调，任图书馆主任，主持馆务。抗战时期华北沦陷后，随华北农村建设协进会迁往贵州定番继续工作，任农村建设协进会乡政学院图书馆主任兼注册主任教员、教务委员会委员。1940 年返回国立北平图书馆，任昆明办事处西文编目组组员、编目组长，兼任中华图书馆协会干事。1942 年离职。1943 年由中华图书馆协会派为中国图书馆服务部常务干事，同年 9 月辞职。1947 年任南京资源委员会中央电工器材厂秘书。

单篇文章

署名	文章名	报刊名	期数
胡英	三百五十年来在中国的罗马字拼音纪略（原用国语罗马字写）（未完）	国语周刊	1933 年第 5 卷第 105 期
胡英	三百五十年来在中国的罗马字拼音纪略（原用国语罗马字写）（续）	国语周刊	1933 年第 5 卷第 106 期
胡英、李文裿	济宁图书馆通讯	世界日报图书馆周刊	第 112 期（1937 年 4 月 28 日）；《中华图书馆协会会报》第 12 卷第 5 期
胡英	济宁县立图书馆组织大纲	世界日报图书馆周刊	第 116 期（1937 年 5 月 26 日）

万斯年

万斯年（1908～1987），又名万咸，字稼轩、天祐，笔名祐、咸、稼。江西九江人。国立北平大学毕业，1931 年 2 月到国立北平图书馆工作，任馆编纂委员会馆员、阅览部参考组组员。1938 年 8 月由平馆派往昆明，在昆明办事处负责编纂、中文采访，其间曾协助西南联合大学图书馆工作，在中日战事史料征集委员会负责中文、日文采访。1943 年 8 月停薪留职，1945 年 11 月复职。20 世纪 40 年代后期，曾应聘到北大史学系授课。新中国成立后，任北京图书馆参考研究股主任，1951 年 10 月离职。

专书

署名	书名	出版者	出版年
万斯年（编）	国立北平图书馆藏西南各省方志目录	北平：图书季刊社	1942 年
万斯年（辑译）	唐代文献丛考	上海：开明书店	1947 年

单篇文章

署名	文章名	报刊名	期数
万斯年（译）	三井寺藏唐过所考（内藤虎次郎）	国立北平图书馆馆刊	1931 年第 5 卷第 4 期
万斯年（译）	敦煌户籍残简考（玉井是博）	国立北平图书馆馆刊	1934 年第 8 卷第 3 期

续表

署名	文章名	报刊名	期数
祜	新书介绍：蒙古概况与内蒙自治运动（方范九著）	图书季刊	1934 年第 1 卷第 4 期
稼	时论撮要：宋元之南戏（宋志黄）	图书馆学季刊	1934 年第 8 卷第 4 期
咸	时论撮要：行政学之性质与内容	图书馆学季刊	1934 年第 8 卷第 4 期
祜	时论撮要：康长素先生年谱稿（赵丰田）	图书馆学季刊	1934 年第 8 卷第 4 期
咸	骈体文之导源及演进（未完）	翊教	1934 年第 2 卷第 8 期
咸	骈体文之导源及演进（续）	翊教	1934 年第 2 卷第 9 期
咸	骈体文之导源及演进（续）	翊教	1934 年第 2 卷第 10 期
咸	骈体文之导源及演进（续）	翊教	1934 年第 2 卷第 11 期
咸	骈体文之导源及演进（续）	翊教	1934 年第 2 卷第 12 期
咸	骈体文之导源及演进（续）	翊教	1935 年第 3 卷第 1 期
咸	骈体文之导源及演进（续）	翊教	1935 年第 3 卷第 3 期

续表

署名	文章名	报刊名	期数
咸	骈体文之导源及演进（续）	翊教	1935 年第 3 卷第 4 期
咸	骈体文之导源及演进（续）	翊教	1935 年第 3 卷第 5 期
咸	骈体文之导源及演进（续）	翊教	1935 年第 3 卷第 6 期
万斯年	鸦片战争时代华北经济史料的新发现	大公报图书副刊（天津）	第 91 期（1935 年 8 月 8 日）；《图书季刊》1935 年第 2 卷第 3 期
稼	时论撮要：郝兰皋夫妇年谱附著述考（许维遹）	图书馆学季刊	1935 年第 9 卷第 1 期
稼	时论撮要：外交论文索引（张觉民）	图书馆学季刊	1935 年第 9 卷第 1 期
祜	时论撮要：墨经写式变迁考（杨宽）	图书馆学季刊	1935 年第 9 卷第 1 期
祜	时论撮要：悼洛佛尔氏（贺昌群）	图书馆学季刊	1935 年第 9 卷第 2 期
万斯年（译）	中央亚细亚出土医书四种（黑田原次）	国立北平图书馆馆刊	1935 年第 9 卷第 1 期
万斯年（译）	欧美博物馆史略（F. Kenyon）	国闻周报	1936 年第 13 卷第 29 期

续表

署名	文章名	报刊名	期数
万斯年	人类学·民族学·民俗学之范围及其关系	文化论衡	1936年创刊号
万斯年	欧美古代图书馆发达史	文化论衡	1936年第2期
万斯年（译）	唐钞本韵书及印本切韵之断片（武内义雄）	国立北平图书馆馆刊	1936年第10卷第5期
万斯年	西域闻见录之版本与著者	图书季刊	1936年第3卷第4期
万斯年（译）	唐代粟特城塞之发掘及其出土之文书（岩佐精一郎）	大公报图书副刊	第120期（1936年3月5日）
万斯年	跋七十一传	大公报图书副刊（天津）	第185期（1937年6月10日）
万斯年	报告：云南战时文化动态	战时文化	1939年第2卷第1期
万斯年	书评：评滇贤传记三种	图书季刊	1939年新第1卷第1期
祜	图书介绍：中国字之结构及其形母创说（蒋一前著）	图书季刊	1939年新第1卷第1期
祜	期刊介绍：文献（月刊）	图书季刊	1939年新第1卷第1期

续表

署名	文章名	报刊名	期数
祜	期刊介绍：新经济半月刊创刊号	图书季刊	1939 年新第 1 卷第 1 期
稼轩	图书介绍：四川地理（胡焕庸著）	图书季刊	1939 年新第 1 卷第 1 期
稼轩	书评：最近国内出版的经济学书	图书季刊	1939 年新第 1 卷第 2 期
祜	图书介绍：衡哲散文集（陈衡哲著）	图书季刊	1939 年新第 1 卷第 2 期
祜	图书介绍：湘军新志（罗尔纲著）	图书季刊	1939 年新第 1 卷第 3 期
稼轩	书评：最近国内出版的经济学书（续）	图书季刊	1939 年新第 1 卷第 3 期
稼轩	书评：最近国内出版的经济学书（续）	图书季刊	1940 年新第 2 卷第 1 期
万斯年	以滇南碑传为例略论碑传之史料价值：滇南碑传集序	责善半月刊	1941 年第 1 卷第 22 期
万斯年	国立北平图书馆西南各省方志目录	图书季刊	1941 年新第 3 卷第 3/4 期
万斯年	跋徐霞客撰书山中逸趣叙	学思	1942 年第 2 卷第 7 期
万斯年	边疆教育的新制与丽江	教育通讯（汉口）	1943 年第 6 卷第 29 期

续表

署名	文章名	报刊名	期数
万斯年	明孝宗之出生及其血缘（上）	学思	1943 年第 3 卷第 10 期
万斯年	记武定土司那氏所藏雍乾间军务案稿	图书季刊	1944 年新第 5 卷第 1 期
万斯年	迤西采访工作报告	图书季刊	1944 年新第 5 卷第 2/3 期
万斯年	清代前叶哈密的屯垦	真理杂志	1944 年第 1 卷第 3 期
万斯年	国立北平图书馆近年入藏方志简目	图书季刊	1945 年新第 6 卷第 1/2 期
万斯年	书评：近纂嵩明县志读后	图书季刊	1946 年新第 7 卷第 3/4 期
万斯年	徐霞客佚文考	图书季刊	1948 年新第 9 卷第 1/2 期

德玉葆

德玉葆（1912～?），字秀琳，笔名葆、德。北平人。北平市立第一中学毕业，1931 年 3 月至 1942 年 4 月任职国立北平图书馆，担任阅览部阅览组书记、助理等。

单篇文章

署名	文章名	报刊名	期数
葆	时论撮要：我与图书馆（杜定友）	图书馆学季刊	1932 年第 6 卷第 3 期
葆	时论撮要：著作人和出版人应知道的一些法律	图书馆学季刊	1933 年第 7 卷第 1 期
葆	时论撮要：图书流通法	图书馆学季刊	1933 年第 7 卷第 1 期
葆	时论撮要：二十年来中算史料之发见	图书馆学季刊	1933 年第 7 卷第 2 期
葆	时论撮要：图书馆学：图书馆迷杜定友	图书馆学季刊	1933 年第 7 卷第 2 期
葆	时论撮要：县立图书馆之整理与改进	图书馆学季刊	1933 年第 7 卷第 2 期
葆	时论撮要：图书馆目录之种别及其应用	图书馆学季刊	1933 年第 7 卷第 4 期
葆	时论撮要：民众读物目录研究	图书馆学季刊	1934 年第 8 卷第 2 期
德	时论撮要：金源监本考（张秀民）	图书馆学季刊	1935 年第 9 卷第 2 期
德	期刊介绍：今日评论周刊（第一卷第一期至第六期）	图书季刊	1939 年新第 1 卷第 1 期

续表

署名	文章名	报刊名	期数
德	期刊介绍：外交研究创刊号（张道行、黄正铭编）	图书季刊	1939 年新第 1 卷第 1 期
德	图书介绍：产业资本与中国农民（陈翰笙著）	图书季刊	1940 年新第 2 卷第 2 期
德	图书介绍：南洋华侨与闽粤社会（陈达著）	图书季刊	1940 年新第 2 卷第 2 期
德玉葆	散文：小花猫	中国文艺（北京）	1941 年第 5 卷第 4 期

陈贯吾

陈贯吾（1896～1987），字观悟，江苏江阴人。早年毕业于北京大学法学院，上海立人中学、江阴县立初中、大南中学（今沙洲中学）创办人。1931 年 7 月到国立北平图书馆工作，任馆编纂委员会委员。1934 年 6 月离职后，曾任江苏省立镇江图书馆馆长。抗战期间，复归国立北平图书馆，先后在馆上海办事处、昆明办事处任中文采访组组员兼编辑、采访组长、编纂，负责《图书季刊》有关工作。抗战胜利后，再任镇江图书馆馆长。

单篇文章

署名	文章名	报刊名	期数
贯	书报介绍：国际组织大纲（伍朝光著）	读书月刊（北平）	1931 年第 1 卷第 1 期
贯	书报介绍：缩小省区问题：又名“中华民国地方制商确书”	读书月刊（北平）	1931 年第 1 卷第 1 期
贯	书报介绍：比较宪法（王世杰著）	读书月刊（北平）	1931 年第 1 卷第 1 期
贯	书报介绍：最近三十年中国政治史（李剑农著）	读书月刊（北平）	1931 年第 1 卷第 3 期
贯	书报介绍：家庭的故事	读书月刊（北平）	1932 年第 1 卷第 8 期
悟	图书介绍：辞源正续编合订本	图书季刊	1940 年新第 2 卷第 1 期
悟	图书介绍：士青全集（钱文选著）	图书季刊	1940 年新第 2 卷第 2 期
悟	图书介绍：上海研究资料续集	图书季刊	1940 年新第 2 卷第 2 期
悟	图书介绍：星洲十年（关楚璞主编）	图书季刊	1940 年新第 2 卷第 2 期
悟	期刊介绍：世界杰作精华（三月号）	图书季刊	1940 年新第 2 卷第 2 期
观	期刊介绍：西南研究（创刊号）	图书季刊	1940 年新第 2 卷第 2 期

续表

署名	文章名	报刊名	期数
悟	图书介绍：马相伯先生年谱	图书季刊	1940 年新第 2 卷第 3 期
悟	图书介绍：新事论（冯友兰著）	图书季刊	1940 年新第 2 卷第 3 期
悟	图书介绍：中国文学史大纲	图书季刊	1940 年新第 2 卷第 3 期
悟	期刊介绍：西书精华（创刊号及夏季号）	图书季刊	1940 年新第 2 卷第 3 期
悟	图书介绍：中华国语大辞典	图书季刊	1940 年新第 2 卷第 4 期
贯	图书介绍：中国文法通论（刘复著）	图书季刊	1940 年新第 2 卷第 4 期
贯	图书介绍：中外人名辞典	图书季刊	1940 年新第 2 卷第 4 期
观	图书介绍：山东金文集存先秦编	图书季刊	1940 年新第 2 卷第 4 期
悟	图书介绍：中国史（第一册）	图书季刊	1940 年新第 2 卷第 4 期
悟	图书介绍：恬养斋交钞四卷（补遗一卷）	图书季刊	1940 年新第 2 卷第 4 期
悟	图书介绍：杏花香雪斋诗	图书季刊	1940 年新第 2 卷第 4 期
观	图书介绍：硕果亭诗二卷墨巢词一卷	图书季刊	1940 年新第 2 卷第 4 期

续表

署名	文章名	报刊名	期数
悟	图书介绍：中学训育心理学（美国 Ralph W. Pringle 著）	图书季刊	1940 年新第 2 卷第 4 期
悟	图书介绍：外交大辞典	图书季刊	1940 年新第 2 卷第 4 期
观	图书介绍：国际新闻辞典（宾符主编）	图书季刊	1940 年新第 2 卷第 4 期
悟	图书介绍：中美外交关系（李抱宏著）	图书季刊	1940 年新第 2 卷第 4 期
悟	图书介绍：世界经济学说要义（第一卷）	图书季刊	1940 年新第 2 卷第 4 期
悟	图书介绍：俄国史（何汉文著）	图书季刊	1940 年新第 2 卷第 4 期
悟	图书介绍：中国版画史（郑振铎编著）	图书季刊	1940 年新第 2 卷第 4 期
悟	图书介绍：明清画家印鉴	图书季刊	1940 年新第 2 卷第 4 期
悟	图书介绍：中国美术工艺（徐蔚南著）	图书季刊	1940 年新第 2 卷第 4 期
观	图书介绍：古钱大辞典（丁福保编）	图书季刊	1941 年新第 3 卷第 1/2 期
悟	图书介绍：朴学斋丛书（胡朴安编）	图书季刊	1941 年新第 3 卷第 1/2 期

续表

署名	文章名	报刊名	期数
贯	图书介绍：中国回教史（傅统先著）	图书季刊	1941 年新第 3 卷第 1/2 期
观	图书介绍：亚当斯密前经济思想史	图书季刊	1941 年新第 3 卷第 1/2 期
观	图书介绍：中国邮驿发达史	图书季刊	1941 年新第 3 卷第 1/2 期
悟	图书介绍：全宋词（唐圭璋编）	图书季刊	1941 年新第 3 卷第 1/2 期
悟	图书介绍：金石学（朱剑心著）	图书季刊	1941 年新第 3 卷第 1/2 期
悟	图书介绍：南社纪略（柳亚子著）	图书季刊	1941 年新第 3 卷第 1/2 期
悟	图书介绍：广东文物	图书季刊	1941 年新第 3 卷第 1/2 期
贯	图书介绍：报坛逸话（胡道静著）	图书季刊	1941 年新第 3 卷第 1/2 期
悟	期刊介绍：学林（第一、二、三辑）	图书季刊	1941 年新第 3 卷第 1/2 期
贯	图书介绍：鄞范氏天一阁书目内编	图书季刊	1941 年新第 3 卷第 3/4 期
吾	图书介绍：汤贞愍公年谱（陈韬编）	图书季刊	1941 年新第 3 卷第 3/4 期
吾	图书介绍：吴佩孚将军传（陶菊隐著）	图书季刊	1941 年新第 3 卷第 3/4 期

续表

署名	文章名	报刊名	期数
观	图书介绍：辅仁大学语文学会讲演集第一辑（辅仁大学语文学会编）	图书季刊	1941 年新第 3 卷第 3/4 期
贯	图书介绍：庚辰丛编（赵诒琛编）	图书季刊	1941 年新第 3 卷第 3/4 期
贯	图书介绍：美术丛书（神州国光社编）	图书季刊	1941 年新第 3 卷第 3/4 期
观	图书介绍：广东女子艺文考	图书季刊	1941 年新第 3 卷第 3/4 期
观	图书介绍：南来堂诗集（明释苍云撰）	图书季刊	1941 年新第 3 卷第 3/4 期
悟	图书介绍：传雅堂集（清刘寿曾撰）	图书季刊	1941 年新第 3 卷第 3/4 期
悟	图书介绍：清道人遗集（李瑞清撰）	图书季刊	1941 年新第 3 卷第 3/4 期
观	图书介绍：康南海先生诗集	图书季刊	1941 年新第 3 卷第 3/4 期
贯	图书介绍：中国地质学发展小史	图书季刊	1941 年新第 3 卷第 3/4 期
吾	图书介绍：中国化学史（李乔苹撰）	图书季刊	1941 年新第 3 卷第 3/4 期
吾	中国战时经济法规汇编	图书季刊	1941 年新第 3 卷第 3/4 期

续表

署名	文章名	报刊名	期数
贯	图书介绍：上海工业化研究	图书季刊	1941年新第3卷第3/4期
观	图书介绍：民国三十年国民实用年鉴	图书季刊	1941年新第3卷第3/4期
观	历史小辞典（神田丰穗著）	图书季刊	1941年新第3卷第3/4期
吾	期刊介绍：岭南学报	图书季刊	1941年新第3卷第3/4期
贯	期刊介绍：华西协会大学中国文化研究所集刊（第一卷第一二三号）	图书季刊	1941年新第3卷第3/4期
观	期刊介绍：中原月刊（第一卷第一号至四号）	图书季刊	1941年新第3卷第3/4期
悟	期刊介绍：化工季刊（创刊号）	图书季刊	1941年新第3卷第3/4期
贯	图书介绍：辛巳丛编（王大隆辑）	图书季刊	1943年新第4卷第3/4期
贯	刘申叔先生遗书（刘师培著）	图书季刊	1943年新第4卷第3/4期
悟	图书介绍：盛愚斋存稿附东游日记	图书季刊	1943年新第4卷第3/4期
贯	图书介绍：国立北平图书馆藏西南各省方志目录（万斯年编）	图书季刊	1943年新第4卷第3/4期

续表

署名	文章名	报刊名	期数
贯	图书介绍：国立北平图书馆藏碑目（范腾端编）	图书季刊	1943 年新第 4 卷第 3/4 期
贯	图书介绍：清代地理沿革表	图书季刊	1943 年新第 4 卷第 3/4 期
吾	图书介绍：文禄堂访书记（王文进撰）	图书季刊	1944 年新第 5 卷第 1 期
贯	图书介绍：涧于日记（清张佩伦撰）	图书季刊	1944 年新第 5 卷第 1 期

丁　濬

丁濬（1905 ~ ?），字汇川，笔名汇、汇川，河北束鹿人。武昌文华图书馆学专科学校毕业，曾任崇实学校英文教员。1931 年 7 月到国立北平图书馆工作，任阅览部阅览组、参考组组员。1933 年 9 月由馆派赴武昌文华图书馆学专科学校学习，1934 年 6 月毕业后回馆。1938 年后任参考组代理组长、组长。新中国成立后，任参考组组长，在北京图书馆工作至退休。

单篇文章

署名	文章名	报刊名	期数
汇	时论撮要：狄克曼氏之图书出纳法	图书馆学季刊	1932 年第 6 卷第 1 期

续表

署名	文章名	报刊名	期数
丁濬	一九三二年九月至十二月关于东北问题之论文目录	外交月报	1933 年第 2 卷第 2 期
丁濬	一九三二年九月至十二月关于东北问题之论文目录	外交月报	1933 年第 2 卷第 3 期
丁濬、于震寰	杂志专号集目	中华图书馆协会会报	1935 年第 10 卷第 5 期
汇川	时论撮要：普考书目答问	图书馆学季刊	1935 年第 9 卷第 2 期
丁濬	有关儿童图书馆问题之杂志论文目录	图书馆学季刊	1936 年第 10 卷第 1 期

刘　节

刘节（1901～1977），字子植，号青松，别署鲚秋、知非，浙江永嘉人。早年就读于上海商学院、上海私立南方大学哲学系、上海国民大学哲学系。1926 年入读清华学校研究院国学门，1928 年毕业，先后任天津南开大学、河南大学教职。1931 年 7 月到国立北平图书馆工作，任金石部编纂委员、代理主任，馆编纂委员会委员，1935 年 8 月离职。之后执教于燕京大学、上海大夏大学、浙江大学等。1944 年入中央大学任教。抗战胜利后，于 1946 年到广州中山大学任教，长期担任历史系教授，

1950～1954 年任系主任。在历史学、古文字学、考古学等领域都有卓越成就，著述有《历史论》《人性论》《中国古代宗族移殖史论》《古史考存》《中国史学史稿》等。

专书

署名	书名	出版者	出版年
刘节	楚器图释（封面题名《寿县所出楚器考释》）	北平：国立北平图书馆	1935 年

单篇文章

署名	文章名	报刊名	期数
刘节	驫氏编钟考	国立北平图书馆馆刊	1931 年第 5 卷第 6 号
刘节（译）	新罗真兴王巡狩管境碑之研究（内藤虎次郎、津田左右吉）	国立北平图书馆馆刊	1931 年第 5 卷第 6 号
知非	新书评介：国内几种农学定期刊的介绍	中国新书月报	1931 年第 1 卷第 12 期
刘节	汉熹平石经周易残字跋（三原于氏藏）	燕京学报	1932 年第 11 期
刘节	跋驫羌钟考释	国立北平图书馆馆刊	1932 年第 6 卷第 1 号
刘节	两周金文辞大系商兑（书评）	国立北平图书馆馆刊	1932 年第 6 卷第 3 号

续表

署名	文章名	报刊名	期数
知非	苏俄视察记（曹谷冰述）	读书月刊（北平）	1932 年第 1 卷第 5 期
刘节	四库本之评价	北平晨报·学园	1933 年 8 月 15 日
知非	新书评介：介绍瑶山调查专号	中国新书月报	1933 年第 3 卷第 1 期
刘节	答怀主教书（论骉氏钟出土处沿革）	国立北平图书馆馆刊	1933 年第 7 卷第 1 号
刘节	旬君孚子壶跋	国立北平图书馆馆刊	1933 年第 7 卷第 2 号
刘节	陶希圣著中国政治思想史（未完）	图书评论	第 1 卷第 12 期
刘节	陶希圣著中国政治思想史（续前期）	图书评论	第 2 卷第 1 期
刘节	陷落时的热河	独立评论	第 45 期
青松	新书介绍：翁覃溪手札	图书季刊	1934 年第 1 卷第 1 期
青松	新书介绍：小檀栾室镜影（六卷）	图书季刊	1934 年第 1 卷第 1 期
青松	新书介绍：颂斋吉金图录（容庚著）	图书季刊	1934 年第 1 卷第 1 期
青松	新书介绍：殷契佚存考释	图书季刊	1934 年第 1 卷第 1 期

续表

署名	文章名	报刊名	期数
刘节	周南召南考	禹贡半月刊	1934 年第 1 卷第 11 期
刘节	中国金石学绪言	图书季刊	1934 年第 1 卷第 2 期；《天津大公报图书副刊》署名青松，1934 年 1 月 13 日
刘节	古井国考	禹贡半月刊	1935 年第 4 卷第 9 期
刘子植	古史辨（第五册）序	顾颉刚编著该书，北平：朴社	1935 年
刘节	考古学社之使命	考古	1935 年第 2 期
刘节	记宋明以来名瓷之款制	大公报艺术周刊（天津）	第 39 期（1935 年 6 月 29 日）

王 庸

王庸（1900～1956），幼名西元，字以中，笔名王以中，江苏无锡人。1927 年毕业于清华学校研究院国学门，留校任助教。1929 年转任上海暨南大学、中国公学教职。1931 年 7 月到国立北平图书馆工作，任馆编纂委员会委员兼舆图部代理主任。1936 年 8 月转任国立浙江大学图书馆主任。抗战期间，先后执教于西南联合大学、国立师范学院、云南大学等。抗战胜利后，受聘于中央图书馆上海办事处，兼任暨南大学史地系教授。1947 年，任江南大学教授，后又任苏州国立社会教育学院新闻系主任。1950 年任南京图书馆特藏部主任，1953 年改任南京大学历史系教授，1954 年调任北京图书馆研究员兼舆图组组长，并兼任中科院地理所研究员。王庸擅长中国地理学史和地图考证，著有《中国地理学史》《中国地理图籍丛考》《中国地图史纲》等。

专书

署名	书名	出版者	出版年
王庸	经济地理学原理	上海：商务印书馆	1931 年
王庸、茅乃文	国立北平图书馆中文舆图目录	北平：国立北平图书馆	1933 年
王庸（编）	国立北平图书馆特藏清内阁大库舆图目录	北平：国立北平图书馆	1934 年
王庸、茅乃文（编）	中国地学论文索引	北平：国立北平师范大学、国立北平图书馆	1934 年
王庸、茅乃文（编）	中国地学论文索引续编	北平：国立北平师范大学、国立北平图书馆	1936 年
王庸、茅乃文（编）	国立北平图书馆中文舆图目录（续编）	北平：国立北平图书馆	1937 年

单篇文章

署名	文章名	报刊名	期数
王庸	国立北平图书馆藏清内阁大库舆图目录	国立北平图书馆馆刊	1932 年第 6 卷第 4 号
王庸	国立北平图书馆特藏清内阁大库舆图目录	地理杂志	1932 年第 5 卷第 3 期
王庸	评商务印书馆出版中国古今地名大辞典（与北平研究院中国地名大辞典比较）	地理杂志	1932 年第 5 卷第 4 期
王庸	苏州闲话	时代公论（南京）	1932 年第 10 期
王庸	中国地图史料辑略	国立北平图书馆馆刊	1932 年第 6 卷第 5 号
王庸	无稽之谈	国风（南京）	1932 年第 4 期
王以中	明代海防图籍录	清华周刊	1932 年第 37 卷第 9/10 期合刊
王以中	明代北方边防图籍录（待续）	地学杂志	1933 年第 21 卷第 1 期
王以中	明代北方边防图籍录（续完）	地学杂志	1933 年第 21 卷第 2 期
王庸	明代北方边防图籍录	国风（南京）	1933 年第 2 卷第 9 期
王以中	新书介绍：长征记	科学的中国	1933 年第 1 卷第 2 期

续表

署名	文章名	报刊名	期数
王庸	宋明间关于亚洲南方沿海诸国地理之要籍	地理杂志	1933 年第 6 卷第 8 期
王庸	四库全书的价值和影印	北平晨报·学园	1933 年 8 月 19 日
王以中	山海经图与职贡图	禹贡（半月刊）	1934 年第 1 卷第 3 期
王庸	桂萼的舆地执指掌图和李默的天下舆地图	禹贡（半月刊）	1934 年第 1 卷第 11 期
王庸	中国地学论文索引序	禹贡（半月刊）	1934 年第 1 卷第 11 期
王以中	地志与地图	禹贡（半月刊）	1934 年第 2 卷第 2 期
王以中	闲话图书馆	图书展望	1935 年第 2 卷第 2 期
以中	书评：中国古代旅行之研究——侧重其法术的和宗教的方面	图书季刊	1936 年第 3 卷第 1/2 期合刊
以中	地图闲话	大公报图书副刊（天津）	第 121 期（1936 年 3 月 12 日）
王庸	明代舆图汇考：总图之部	图书季刊	1936 年第 3 卷第 1/2 期

袁涌进

袁涌进（1908～1988），江苏金坛人。1931 年毕业于南京金陵大学图书馆学系，曾任北平木斋图书馆董事兼编目部主任。1931 年 6 月到国立北平图书馆工作，任编纂部中文编目组组员、代理组长。新中国成立后，曾任北京图书馆中文编目组组长兼北京大学图书馆学系教授。先后参加过《中国图书十进分类法》《中国图书分类法》《中小型图书馆图书分类表（草案）》《中国图书馆图书分类法（草案）》的编辑或修订工作。编著有《汉字母笔排列法著者号码表》《图书分类法编制技术》，与何日章合编《中国图书十进分类法》等。

专书

署名	书名	出版者	出版年
袁涌进	现代中国作家笔名录	北平：中华图书馆协会	1936 年

单篇文章

署名	文章名	报刊名	期数
袁涌进	金陵大学图书馆系概况	世界日报图书馆周刊	第 35 期（1935 年 10 月 30 日）
袁涌进	北平木斋图书馆计划大纲草案	世界日报图书馆周刊	第 86 期（1936 年 10 月 28 日）；《中华图书馆协会会报》第 12 卷第 2 期

续表

署名	文章名	报刊名	期数
袁涌进	佛教图书分类表	中法汉学研究所图书馆馆刊	1946 年第 2 号

张秀民

张秀民（1908～2006），字涤瞻，浙江嵊县人。毕业于厦门大学文学院国学系。1931 年 7 月受聘国立北平图书馆，任中文编目组组员，负责古籍编目。抗战胜利后，任索引股股长。新中国成立后，任北京图书馆参考研究组组长，主持编纂专题书目，解答咨询。1971 年退休。他长期致力于中国印刷史研究，也从事过安南史研究，主要著作有《中国印刷史》《张秀民印刷史论文集》《中越关系史论文集》等。

单篇文章

署名	文章名	报刊名	期数
张秀民	宋椠本与摇床本	国闻周报	1931 年第 8 卷第 10 期
张秀民	选印古书私议及附录	北平晨报·学园	1933 年 8 月 28 日
张秀民	选印古书私议及附录（续）	北平晨报·学园	1933 年 9 月 10 日
张秀民	金源监本考	图书季刊	1935 年第 2 卷第 1 期

续表

署名	文章名	报刊名	期数
张秀民	林君成章事略	国学季刊	1935年第4卷第4期
张秀民	国立北平图书馆馆址记	国立北平图书馆馆刊	1936年第10卷第4号
张秀民	宋孝宗时代刻书述略	大公报图书副刊（天津）	第155期（1936年11月5日）；《图书馆学季刊》1936年第10卷第3期
张秀民	唐写文选集注残本	图书季刊	1936年第3卷第4期
张秀民	宋光宗时代之刻书	大公报图书副刊（天津）	第183期（1937年5月27日）
张秀民	北平牡丹小记	进德月刊（济南）	1937年第2卷第10期
张秀民	安南人所崇拜之士王与高王：士燮——汉季在交州提倡文化之循吏	益世报史地周刊	第41期（1947年5月13日）
张秀民	安南人所崇拜之士王与高王：高骈——唐代收复安南之名将	益世报史地周刊	第42期（1947年5月20日）
张秀民	历代征讨林邑之交州名宦——中国人与南方占城人之长期战争	益世报史地周刊	第62期（1947年10月7日）

续表

署名	文章名	报刊名	期数
张秀民	历代征讨林邑之交州名宦	益世报史地周刊	第 65 期（1947 年 10 月 28 日）
张秀民	明太监安南人阮安——十五世纪营建北京宫殿城楼之总工程师	益世报史地周刊	第 67 期（1947 年 11 月 11 日）
张秀民	古代收复交州之名将	益世报史地周刊	第 72 期（1947 年 12 月 16 日）
张秀民	古代收复交州之名将	益世报史地周刊	第 74 期（1947 年 12 月 30 日）
张秀民	唐安南姜公辅考	经世日报读书周刊	第 30 期（1947 年 12 月 12 日）
瞻	中国古代妇女之地位（列女传英译本）	图书季刊	1947 年新第 8 卷第 1/2 期
张秀民	安南王子黎澄小传与安南太监阮安小传	益世报史地周刊	第 106 期（1948 年 9 月 14 日）
张景辅	清人著述中有关安南史事各书解题	大公报图书副刊（天津）	第 73 期（1948 年 11 月 15 日）
张景辅	安南志略解题	大公报图书副刊（天津）	第 74 期（1948 年 11 月 22 日）
张秀民	占城人 Chams 移入中国考	学原	1948 年第 2 卷第 7 期
张秀民	明代交址人在中国之贡献	学原	1949 年第 3 卷第 1 期

吴宣易

吴宣易（1906～?），字先乙，安徽桐城人。1931 年 8 月到国立北平图书馆工作，先后任采访部中文采访组馆员、编纂部中文编目组馆员。1934 年 11 月调任镇江图书馆。著述有《鸦片战争失败的原因及我国所受到的影响》《鸦片战争之时代背景》《鸦片战争大事表》《姚莹对抵抗外国侵略的贡献》等。

单篇文章

署名	文章名	报刊名	期数
吴宣易	关于中日问题之中国书目	读书月刊（北平）	1931 年创刊号
吴宣易	中学生参考书目	读书月刊（北平）	1932 年第 2 卷第 2 期
吴宣易	中学生参考书目（续第二号）	读书月刊（北平）	1932 年第 2 卷第 3 期
吴宣易	京师同文馆略史	读书月刊（北平）	1933 年第 2 卷第 4 期
吴宣易	中学生参考书目（续第三号）	读书月刊（北平）	1933 年第 2 卷第 4 期

邓衍林

邓衍林（1908～1980），字竹筠，江西吉安（原庐陵）人。南昌宏道中学毕业，曾在江西省立图书馆工作。1931 年毕业于文华图书馆学专科学校讲习班，同年9月受聘于国立北平图书馆，任阅览部阅览组、参考组馆员。1938年8月由平馆派往昆明，协助西南联合大学图书馆参考组工作，同时在平馆昆明办事处编辑书目。后就读于西南联合大学师范学院第二部教育系，1941年毕业后，曾任昆明天祥中学校长。1945年赴美国哥伦比亚大学深造，获教育学硕士学位。1946年10月任联合国秘书处出版司专员。1956年回国，在北京大学图书馆系任教。1958～1964年兼任北京图书馆特约研究馆员。曾担任全国第一中心图书馆委员会委员、全国图书馆联合目录编辑组组长等。著述有《中国边疆图籍录》《编制联合目录的几个基本问题》《联合目录工作的成就及其展望》等。

专书

署名	书名	出版者	出版年
邓衍林	中文参考书举要	北平：国立北平图书馆	1936年
邓衍林	北平各图书馆所藏中国算学书联合目录	北平：中华图书馆协会暨北平图书馆协会	1936年
邓衍林	元太祖成吉思汗生平史料目录	北平：中华图书馆协会	1936年（《图书馆学季刊》第10卷第2期抽印本）

单篇文章

署名	文章名	报刊名	期数
邓衍林、丁濬	九一八以后关于东北问题之西文书籍及论文目录	外交月报	1932 年第 1 卷第 3 期
邓衍林、丁濬	九一八以后关于东北问题之西文书籍及论文目录	外交月报	1932 年第 1 卷第 5 期
邓衍林、丁濬	九一八以后关于东北问题之西文书籍及论文目录	外交月报	1932 年第 1 卷第 6 期
邓衍林（译）	宋元刊本刻工名表初稿（长泽规距也）	图书馆学季刊	1934 年第 8 卷第 3 期
Teng Yen – Lin	A Preliminary List of Periodicals and Serials in Western Languages Published in China	*Quarterly Bulletin of Chinese Bibliography*（《图书季刊》英文本）	1934 年第 1 卷第 4 期
邓衍林	关于太平天国史料史籍集目	图书馆学季刊	1935 年第 9 卷第 1 期
邓衍林	中国历代盐务要籍辑目	世界日报图书馆周刊	第 13 期（1935 年 5 月 27 日）
邓衍林	中国历代盐务要籍辑目	世界日报图书馆周刊	第 14 期（1935 年 6 月 5 日）
邓衍林	中国历代盐务要籍辑目	世界日报图书馆周刊	第 15 期（1935 年 6 月 12 日）

续表

署名	文章名	报刊名	期数
邓衍林（译）	中国国立图书馆——国立北平图书馆（爱士德尔）	文华图书馆学专科学校季刊	1935 年第 7 卷第 3/4 期合刊
竹筠	新书介绍：现代中国作家笔名录	图书季刊	1936 年第 3 卷第 1/2 期
邓竹筠	中算史论丛（李俨著）	大公报图书副刊	第 125 期（1936 年 4 月 9 日）
竹筠	图书馆员与国防总动员	中华图书馆协会会报	1937 年第 12 卷第 5 期

梁思庄

梁思庄（1908～1986），女，广东新会人。1925 年赴美国，1930 年毕业于加拿大麦基尔大学，获文学士。1931 年毕业于美国哥伦比亚大学图书馆学院，获图书馆学士学位。归国后，于同年 9 月受聘于国立北平图书馆，任馆编纂委员会委员，1933 年 6 月辞职。曾先后在燕京大学图书馆、广州市中山图书馆、北京大学图书馆服务，从事西文编目、参考咨询等工作。1936 年重返燕京大学，任燕京大学图书馆西文编目组长、主任。1943 年起，任南迁成都的燕京大学图书馆主任。1946 年，燕京大学迁回北京后，继续担任图书馆西文编目组组长，后任图书馆副主任。1952 年高校院系调整，任北京大学图书馆副馆长。1980 年当选为中国图书馆学会副理事长，同年代表中国图书馆学会出席国际图书馆协会联合会马尼拉会议。发表有《怎样查找人名——西文人物传记工具书简介》《谈谈英美版大型百科全书》等文章。

专书

署名	书名	出版者	出版年
梁思庄	*A classified catalogue of the Möllendorff collection, deposited in the library*（穆麟德遗书目录）	北平：国立北平图书馆	1932 年

毛春翔

毛春翔（1898～1973），字乘云，原名友亮，笔名夷白、童生。浙江江山人。1924 年毕业于浙江法政专门学校。曾任江山县私立志澄初级中学和江西省上饶中学教员、《江山日报》主编。1931 年 10 月到国立北平图书馆工作，任编纂部中文编目组书记。1933 年 5 月转职浙江省立图书馆，任善本编目员兼孤山分馆主任干事。1938 年，护送馆藏文澜阁《四库全书》至贵阳，抗战胜利后，又护送古书返杭。1946 年，任浙江图书馆特藏部主任，1950 年后任研究员，1965 年退休。著述有《论语类编通义》《齐物论校读记》《浙江先哲遗书目录》《文澜阁书目》《古书版本常谈》《浙江省大事记》等。

单篇文章

署名	文章名	报刊名	期数
毛乘云	读书救国谈	读书月刊（北平）	1932 年第 1 卷第 4 期
毛乘云（译）	读书的方法（中岛犹治郎）	读书月刊（北平）	1932 年第 1 卷第 5 期
毛乘云	读庄子札记二则	读书月刊（北平）	1932 年第 1 卷第 8 期

岳梓木

岳梓木（1900～?），字精武，笔名大岳，湖北汉川人。武昌文华高级中学毕业，曾任汉川县立完全小学教务主任、中学教员。1931 年 10 月到国立北平图书馆工作，任西文编目组组员。1938 年派往平馆驻昆明办事处，负责庶务兼西文期刊工作，整理日报及舆图等。1943 年 10 月辞平馆职，改就云南锡业公司职务。1947 年 4 月，任职国立贵阳师范学院图书馆。

单篇文章

署名	文章名	报刊名	期数
岳梓木	排卡片者的资格与附带的工作	中华图书馆协会会报	1937 年第 12 卷第 4 期
大岳	排卡最好用二人	中华图书馆协会会报	1937 年第 12 卷第 5 期

曾宪文

曾宪文（1905～?），后改名曾郁，字郁若。湖北武昌人。1930年6月，从武昌文华图书馆学专科学校本科毕业后，任职于武汉大学图书馆。1931年10月转职国立北平图书馆，任编纂部西文编目组组员、采访部官书组组长。1937年赴美国密歇根大学研究图书馆学，1939年毕业。后留美，曾在美国国会图书馆、波士顿大学汉文图书馆工作。

单篇文章

署名	文章名	报刊名	期数
曾宪文（译）	瑞士国国立图书馆——百伦，瑞士国立图书馆（爱士德尔）	文华图书馆学专科学校季刊	1935年第7卷第3/4期合刊

杨殿珣

杨殿珣（1910～1997），字琚飞，河北无极人。1929年8月考入北平师范大学，获文学士。就读期间曾在国立北平图书馆索引组协助编制索引，1931年12月入馆工作，先后任国立北平图书馆编纂部索引组书记、馆员，金石部馆员、采访部中文采访组馆员、采访组代理组长，金石组组长。新中国成立后，先后任采访部副主任、参考书目部主任、《文献》杂志副主编等，1984年退休。著述有《中国历代年谱总录》《中国善本书提要后记》

《中国年谱概说》《中国历代年谱总录续录》《谈谈古籍和古籍分类》等。

专书

署名	书名	出版者	出版年
杨殿珣	石经论著目录	北平：国立北平图书馆	1936年，亦载于《国立北平图书馆馆刊》1936年第10卷第6号
杨殿珣	石刻题跋索引	长沙：商务印书馆	1941年

单篇文章

署名	文章名	报刊名	期数
杨殿珣	中国文学史译著索引	读书月刊（北平）	1933年第2卷第6期
杨殿珣	跋四部丛刊本南雷文案	图书馆学季刊	1934年第8卷第4期
杨殿珣	跋缪辑集古录目	国立北平图书馆馆刊	1936年第10卷第1号
杨殿珣	佛教石经目（一）	微妙声	1936年第1卷第7期
杨殿珣	佛教石经目（二）	微妙声	1936年第1卷第8期
杨殿珣撰，容庚校补	宋代金石书考目	考古	1936年第4期

续表

署名	文章名	报刊名	期数
珣	图书介绍：六艺之一录目录附引得（引得编纂处编）	图书季刊	1941 年新第 3 卷第 1/2 期
珣	图书介绍：杜诗引得（引得编纂处编）	图书季刊	1941 年新第 3 卷第 1/2 期
珣	图书介绍：志盦遗稿（十卷）（王式通撰）	图书季刊	1941 年新第 3 卷第 1/2 期
珣	图书介绍：痴盦藏金（李泰棻撰）	图书季刊	1941 年新第 3 卷第 1/2 期
珣	期刊介绍：辅仁学志（九卷一期）	图书季刊	1941 年新第 3 卷第 1/2 期
珣	图书介绍：论语引得：附标校经文、孟子引得：附标校经文	图书季刊	1941 年新第 3 卷第 3/4 期
珣	图书介绍：竹轩摭录八卷（龙顾山人辑）	图书季刊	1941 年新第 3 卷第 3/4 期
珣	图书介绍：愚庵小集十五卷补遗二卷（清朱鹤龄著）	图书季刊	1941 年新第 3 卷第 3/4 期
珣	图书介绍：蓬庐文钞八卷（清周广业著）	图书季刊	1941 年新第 3 卷第 3/4 期
珣	图书介绍：袖海楼杂著十二卷（清黄汝成撰）	图书季刊	1941 年新第 3 卷第 3/4 期

续表

署名	文章名	报刊名	期数
杨殿珣	中国家谱通论	图书季刊	1941年新第3卷第1/2期
杨殿珣	中国家谱通论（续）	图书季刊	1945年新第6卷第3/4期
杨殿珣	中国家谱通论（续）	图书季刊	1946年新第7卷第1/2期
杨殿珣	国榷跋	图书季刊	1946年新第7卷3/4期
杨殿珣	中国历代名人年谱目录（书评）	图书季刊	1948年第新9卷第1/2期

谭其骧

谭其骧（1911～1992），字季龙，笔名禾子、谭禾子。浙江嘉兴人。从上海大学和暨南大学毕业后，入燕京大学研究院，1932年8月毕业。1932年4月到国立北平图书馆工作，任编纂部中文编目组馆员，兼任辅仁大学、北京大学、燕京大学讲师。1934年，协助顾颉刚筹备成立禹贡学会及主编《禹贡》半月刊。作为发起人之一参加中国地理学会，后历任理事。1935年1月自国立北平图书馆离职，先后执教于燕京大学、清华大学、浙江大学、复旦大学等，1982年起任中国历史地理研究所所长至1986年。1980年当选为中国科学院院士，是我国历史地理学科的主要奠基人，主持编绘《中国历史地图集》，主编《黄河史论丛》《历史地理》，著有论文集《长水集》《长水集续编》等。

专书

署名	书名	出版者	出版年
谭其骧	国立北平图书馆方志目录	北平：国立北平图书馆	1933 年

单篇文章

署名	文章名	报刊名	期数
谭其骧	中国内地移民史：湖南篇（附图、表）	史学年报	1932 年第 1 卷第 4 期
谭其骧	汉百三郡国建置之始考	地学杂志	1933 年第 21 卷第 2 期
谭其骧	湖南人由来考	地理杂志	1933 年第 6 卷第 9 期
谭其骧	湖南人由来考（续）	地理杂志	1933 年第 6 卷第 10 期
谭其骧	由乾隆谕旨证四库本之不尽可靠	北平晨报·学园	1933 年 8 月 15 日
谭其骧	《辽史·地理志》补正	禹贡（半月刊）	1934 年第 1 卷第 2 期
谭其骧	《清史稿·地理志》校正（直隶）	禹贡（半月刊）	1934 年第 1 卷第 3 期

续表

署名	文章名	报刊名	期数
谭其骧	论两汉西晋户口	禹贡（半月刊）	1934 年第 1 卷第 7 期
谭其骧	《清史稿·地理志》校正（奉天）	禹贡（半月刊）	1934 年第 1 卷第 9 期
谭其骧	北魏六镇考案语	禹贡（半月刊）	1934 年第 1 卷第 12 期
谭其骧	元福建行省建置沿革考	禹贡（半月刊）	1934 年第 2 卷第 1 期
谭其骧	中国历代地名辞典四种	大公报图书副刊	第 11 期（1934 年 1 月 27 日）；《地理杂志》1934 年第 7 卷第 3 期，《方志月刊》1934 年第 7 卷第 2 ~ 3 期
谭其骧	介绍方舆考证	大公报图书副刊	第 14 期（1934 年 2 月 17 日）
谭其骧	评东洋读史地图	大公报图书副刊	第 15 期（1934 年 2 月 24 日）
谭其骧	再评模范新世界年表	大公报图书副刊	第 16 期（1934 年 3 月 3 日）
禾子	西突厥史料	大公报图书副刊	第 26 期（1934 年 5 月 12 日）

续表

署名	文章名	报刊名	期数
禾子	书评：中国历代地名辞典四种	图书季刊	1934 年第 1 卷第 1 期
禾子	新书简讯：室名索引一册	图书季刊	1934 年第 1 卷第 2 期
谭其骧	晋永嘉丧乱后之民族迁徙	燕京学报	1934 年第 15 期
谭其骧等	新莽职方考	燕京学报	1934 年第 15 期
谭禾子	辽代"东蒙""南满"境内之民族杂处——满蒙民族史之一页	国闻周报	1934 年第 11 卷第 6 期
谭其骧	元陕西四川行省沿革考	禹贡（半月刊）	1935 年第 3 卷第 6 期
谭其骧	释明代都司卫所制度	禹贡（半月刊）	1935 年第 3 卷第 10 期
谭其骧	两汉州制考跋	国立中央研究院历史语言研究所编印《庆祝蔡元培先生六十五岁论文集》（下）	1935 年

吴藻洲

吴藻洲（1902～?），字文轩。河北高阳人。1932 年 4 月派到国立北平图书馆工作，先后任书记、编目部索引组助理，1937 年 7 月离职。

单篇文章

署名	文章名	报刊名	期数
吴藻洲	日报与索引	国闻周报	1933 年第 10 卷第 49 期
吴藻洲（编）	民众教育书目（未完）	图书馆学季刊	1936 年第 10 卷第 4 期
吴藻洲（编）	民众教育书目（续）	图书馆学季刊	1937 年第 11 卷第 1 期
吴藻洲（编）	民众教育书目（续完）	图书馆学季刊	1937 年第 11 卷第 2 期

金　勋

金勋（1882～1976），字旭九。北平人。出生于海淀成府村的一个营造世家，北平协和圣道学院毕业。1924 年，通过仅存的标志性建筑物遗迹和历史上的书画资料，重新绘制了圆明三园的地图，是较早的一幅圆明园全图。1931 年前后，任中国营造学社绘图员，根据实测资料及样式雷图档，绘制《圆明园复旧图》。1932 年 6 月到国立北平图书馆工作，先后任舆图部馆员、阅览部阅览组馆员，至 1957 年退休。主要从事样式雷图档的整理编目和圆明园的研究工作。还撰有《妙峰山志》，绘制有《圆明园西洋楼图》《圆明园各处建筑平面图》。

专书

署名	书名	出版者	出版年
金勋	北京西郊成府村志	稿本	1940 年，收入《中国地方志集成·乡镇志专辑》，上海书店出版社，1992 年

单篇文章

署名	文章名	报刊名	期数
金勋编	北平图书馆藏样式雷制圆明园及其他各处烫样	国立北平图书馆馆刊	1933 年第 7 卷第 3/4 号合刊
金勋编	北平图书馆藏样式雷藏圆明园及内庭陵寝府第图籍总目	国立北平图书馆馆刊	1933 年第 7 卷第 3/4 号合刊
金勋编	圆明园四园详细地名表	国立北平图书馆馆刊	1933 年第 7 卷第 3/4 号合刊

欧阳采薇

欧阳采薇（1911 ~ ?），女，江西吉水人。1932 年 7 月，从清华大学毕业后，到国立北平图书馆工作，任馆编纂委员会馆员，1933 年 8 月离职。曾长期在新华通讯社对外新闻编辑部工作，任记者、编辑。主要用英文写作，报道国外关于中国的文教与考古方面的新闻，如《鲁中山村发现1500万年前的化石（新华社英文电讯稿)》，合译《印度简史》。

单篇文章

署名	文章名	报刊名	期数
欧阳采薇（译）	西书中关于焚毁圆明园纪事（一）（Henry Knollys）	国立北平图书馆馆刊	1933年第7卷第3/4号合刊
欧阳采薇（译）	西书中关于焚毁圆明园纪事（二）（Henry Brougsham Loch）	国立北平图书馆馆刊	1933年第7卷第3/4号合刊
欧阳采薇（译）	西书中关于焚毁圆明园纪事（三）（Charles S. Leavenworth）	国立北平图书馆馆刊	1933年第7卷第3/4号合刊
欧阳采薇（译）	西书中关于焚毁圆明园纪事（四）（R. J. L. M'Ghee）	国立北平图书馆馆刊	1933年第7卷第3/4号合刊
欧阳采薇（译）	西书中关于焚毁圆明园纪事（五）（D. F. Rennie）	国立北平图书馆馆刊	1933年第7卷第3/4号合刊
欧阳采薇（译）	西书中关于焚毁圆明园纪事（六）（Robert Swinhoe）	国立北平图书馆馆刊	1933年第7卷第3/4号合刊
欧阳采薇（译）	西书中关于焚毁圆明园纪事（七）（Garnet J. Wolseley）	国立北平图书馆馆刊	1933年第7卷第3/4号合刊

续表

署名	文章名	报刊名	期数
欧阳采薇（译）	西书中关于焚毁圆明园纪事（八）（Henri Cordier）	国立北平图书馆馆刊	1933 年第 7 卷第 3/4 号合刊
欧阳采薇（译）	西书所纪圆明园中之西洋楼（长春园）（P. Benoist）	国立北平图书馆馆刊	1933 年第 7 卷第 3/4 号合刊

赵录绰

赵录绰（1903～?），字孝孟。山东安丘人。父名葵畦，为清末著名金石学者。以家学渊源故，曾为柯劭忞入室弟子。1932 年 8 月至 1938 年在国立北平图书馆工作，任阅览部中文采访组、中文编目组、考订组组员，专攻目录学、版本学、金石学。著述有《簇清馆金文汇编》《许印林（瀚）年谱》《书目答问校注》《焚毁书目人名便检》《历代沟洫志》《中国族谱总目初编》《山东艺文全录》《海岱文征》等。

专书

署名	书名	出版者	出版年
赵录绰	清高宗之禁毁书籍	北平：国立北平图书馆	1933 年（《国立北平图书馆馆刊》第 7 卷第 5 号抽印本）

续表

署名	书名	出版者	出版年
赵录绰	国立北平图书馆善本书目乙编（四卷）	北平：国立北平图书馆	1935 年
赵录绰	国立北平图书馆善本书目乙编续目（四卷）	北平：国立北平图书馆	1937 年

单篇文章

署名	文章名	报刊名	期数
赵孝孟	水浒传版本录	读书月刊（北平）	1932 年第 1 卷第 11 期
孝孟	蒙兀儿史记之目录及凡例	读书月刊（北平）	1932 年第 2 卷第 3 期
孝孟	新书介绍：攀古小庐文（清许瀚撰）	图书季刊	1934 年第 1 卷第 3 期
孝孟	新书介绍：潍县文献业刊第二辑（丁锡田编）	图书季刊	1934 年第 1 卷第 1 期
孝孟	学术界消息：郝兰卓著述之发现	图书季刊	1934 年第 1 卷第 2 期
孝孟	新书介绍：罗氏新著四种：俑庐日札（罗振玉撰）	图书季刊	1935 年第 2 卷第 4 期
赵录绰	北平图书馆善本书目乙编续目	国立北平图书馆馆刊	1936 年第 10 卷第 4 号

续表

署名	文章名	报刊名	期数
赵录绰	北平图书馆善本书目乙编续目	国立北平图书馆馆刊	1936 年第 10 卷第 5 号
赵录绰	北平图书馆善本书目乙编续目	国立北平图书馆馆刊	1936 年第 10 卷第 6 号
赵录绰	北平图书馆善本书目乙编续目	国立北平图书馆馆刊	1937 年第 11 卷第 1 号

王宜晖

王宜晖（1913～?），女，浙江绍兴人。北平美国学校毕业，1932 年 9 月至 1948 年 4 月，在国立北平图书馆编纂部西文编目组、采访部西文采访组、阅览部参考组工作。

单篇文章

署名	文章名	报刊名	期数
王宜晖	Glassified Index to Periodical Articles Relating to China in 1934（《一九三四年西文期刊关于中国论文分类索引》）	国立北平图书馆馆刊	1935 年第 9 卷第 5 号

顾　华

顾华（1908～?），字树斋，河南开封人。河南大学毕业，曾任辅仁大学西洋文学系助教、静生生物调查所图书管理员。1932 年 10 月至 1933 年 8 月、1934 年 6 月至 1946 年年初在国立北平图书馆工作，先后任编纂部西文编目组组员、阅览部阅览组组长兼总务部文书组组员、阅览兼期刊组组长、西文采访组长等。其间曾担任中德学会中方常务干事，《中德学志》杂志编辑。离馆后曾在中央图书馆工作，1949 年 1 月随船押运中央图书馆第三批书箱去台湾。翻译作品有《康熙时代耶稣会教士所绘之中国地图》《中国之战后工业化》《中国之战后建设与电气事业之发展》等。

单篇文章

署名	文章名	报刊名	期数
顾华（译）	分类字汇（道恩塞）	研究与进步	1939 年第 1 卷第 3 期
顾华	拟编一德华辞典之感想	研究与进步	1939 年第 1 卷第 4 期
顾华（译）	头纱（史特劳斯）	中德学志	1940 年第 2 卷第 1 期
顾华（译）	盛夏之夜（梅尔）	中德学志	1940 年第 2 卷第 2 期
顾华	评“Die Dschunke”杂志	中德学志	1940 年第 2 卷第 2 期
顾华（译）	秋	中德学志	1940 年第 2 卷第 3 期

续表

署名	文章名	报刊名	期数
顾华	评“分类字汇”	中德学志	1941 年第 3 卷第 2 期
顾华（译）	康熙时代耶稣会教士所绘之中国地图（福克司）	中德学志	1941 年第 3 卷第 3 期
顾华（译）	十八世纪末之德国贵族生活（埃兴道夫）	中德学志	1942 年第 4 卷第 1 期
顾华	书评及介绍	中德学志	1942 年第 4 卷第 2 期

缪文逵

缪文逵（1912～?），江苏人。1932 年 10 月入职国立北平图书馆，任编纂部中文编目组书记，1933 年 12 月改任馆员。1935 年调任镇江图书馆。

单篇文章

署名	文章名	报刊名	期数
缪文逵	缪艺风先生著述目	大公报图书副刊	第 7 期（1933 年 12 月 21 日）

赵士炜

赵士炜（1909? ～1933），字孟彤，贵阳人。1932 年 10 月

受聘到国立北平图书馆工作，任馆编纂委员会馆员，1933 年 11 月病故。

专书

署名	书名	出版者	出版年
赵士炜（辑）	宋国史艺文志辑本（二卷附录一卷）	北平：国立北平图书馆暨中华图书馆协会	1933 年
赵士炜（辑）	中兴馆阁书目辑考	北平：国立北平图书馆暨中华图书馆协会	1933 年
赵士炜（辑）	古逸书录丛辑	北平：国立北平图书馆、中华图书馆协会印行	1933 年

单篇文章

署名	文章名	报刊名	期数
赵士炜	中兴国史艺文志	国立北平图书馆馆刊	1932 年第 6 卷第 4 号
赵士炜	宋国史艺文志辑本序	图书馆学季刊	1933 年第 7 卷第 2 期

刘修业

刘修业（1910～1993），字君寄，女，福建福州人。王重民之妻。1932 年毕业于燕京大学国文专修科。1933 年 2 月到国立北平图书馆工作，任编纂部索引组馆员。1936 年派赴法国，协助王重民整理敦煌写经。1937 年 8 月赴伦敦大学图书馆学专修科进修。1939 年 8 月与王重民同赴美国，在美国国会图书馆鉴定整理中国古籍，1947 年归国后重入北平图书馆工作，在西文编目组编英、法、德文书籍。1953 年调入中国科学院历史研究所，历任助理研究员、副研究员、研究员。著有《古典小说戏曲丛考》，校辑《吴承恩诗文集》等。1975 年王重民逝世后，着力整理王氏遗著，完成《中国古籍善本书提要》《敦煌遗书论文集》及《冷庐文薮》等多种。

专书

署名	书名	出版者	出版年
刘修业	文学论文索引续编	北平：中华图书馆协会	1933 年
刘修业	国学论文索引三编	北平：中华图书馆协会	1934 年
刘修业	文学论文索引三编	北平：中华图书馆协会	1936 年
刘修业	国学论文索引四编	北平：中华图书馆协会	1936 年

单篇文章

署名	文章名	报刊名	期数
刘修业	读西厢记后	读书月刊（北平）	1933 年第 2 卷第 6 期
刘修业	读西厢记后（续完）	读书月刊（北平）	1933 年第 2 卷第 7 期
刘修业	中国本位文化建设论文集	世界日报图书馆周刊	第 18 期（1935 年 7 月 3 日）

续表

署名	文章名	报刊名	期数
刘修业	中国本位文化建设论文集	世界日报图书馆周刊	第 27 期（1935 年 9 月 4 日）
刘修业	敦煌本伍子胥变文之研究	大公报图书副刊（天津）	第 184 期（1937 年 6 月 3 日）
刘修业	海外所藏中国小说戏曲阅后记	图书季刊	1939 年新第 1 卷第 1 期
刘修业	海外所藏中国小说戏曲阅后记	图书季刊	1940 年新第 2 卷第 4 期
刘修业	美国国会图书馆所藏善本书叙录（续王重民）	图书季刊	1940 年新第 2 卷第 4 期
Liu Hsiu – yeh	A Selected Bibliography of Yunnan and of the Tribes in Southwestern China《我国云南及西南部的书目选编（未完待续）》	*Quarterly Bulletin of Chinese Bibliography*（《图书季刊》英文本）	1940 年新第 1 卷第 1 期
Liu Hsiu – yeh	A Selected Bibliography of Yunnan and of the Tribes in Southwestern China	*Quarterly Bulletin of Chinese Bibliography*（《图书季刊》英文本）	1940 年新第 1 卷第 3 期
Liu Hsiu – yeh	A Selected Bibliography of Yunnan and of the Tribes in Southwestern China	*Quarterly Bulletin of Chinese Bibliography*（《图书季刊》英文本）	1940 年新第 1 卷第 4 期

续表

署名	文章名	报刊名	期数
修业	西人汉学著述介绍：哈佛东方学季刊第五卷二期	图书季刊	1941年新第3卷第1/2期
业	西人汉学著述介绍：清代名人传记样本	图书季刊	1941年新第3卷第1/2期
刘修业	西人汉学著述介绍：史记吕不韦列传荆轲列传蒙恬列传之研究	图书季刊	1941年新第3卷第1/2期
刘修业	海外所藏中国小说戏曲记：醒世恒言四十卷四十篇、原本今古奇观、学业世雅言八卷八篇、觉世名言残本、封神演义二十卷一百回、百炼真海烈妇传、幻中真十二回	中国学报（重庆）	1943年第1卷第2期
刘修业	记巴黎国家图书馆所藏环翠山房十五种曲	图书季刊	1944年新第5卷第2/3期
刘修业	秦妇吟校勘续记	学原	1947年第1卷第7期
刘修业	考《花草萃编》和吴承恩的关系	北平华北日报俗文学周刊	第20期（1947年11月14日）
刘修业（译）	中国活字印刷术之检讨（恒慕义）	图书季刊	1948年新第9卷第1/2期

朱福荣

朱福荣（1913～?），江苏江阴人，辅仁高中部毕业。1933年7月至1934年1月、1935年8月至1941年10月在国立北平图书馆工作，任编目部中文编目组馆员、善本部写经组馆员。在馆期间参与编纂《博野蒋氏寄存书目》四卷，为主要编纂人员之一，还曾从事明、清戏曲史料的收集。离职后曾在北京大学图书馆工作。

专书

署名	书名	出版者	出版年
朱福荣、王重民、刘树楷	博野蒋氏寄存书目（四卷）	北平：国立北平图书馆	1934年

马龙璧

马龙璧（1916～?），字仲芳，浙江杭县人。杭州私立安定中学肄业，1933年8月入职国立北平图书馆，先后任舆图部练习生、书记、助理，会计组助理，阅览部阅览组和庋藏组馆员。新中国成立后，曾任北京图书馆科技参考组组长。著、译述有《期刊如何处理》《几种主要外文期刊总目介绍》《正在涌现中的信息专业》《资料共享的网络发展》等。

单篇文章

署名	文章名	报刊名	期数
马龙璧（译）	气象学的新发展（J. K. Arthur）	世界与中国（北平）	1946 年第 1 卷第 4 期
马龙璧（译）	DDT 的功用及其合作之审慎（Mort Weisinger）	世界与中国（北平）	1946 年第 1 卷第 6 期
马龙璧（译）	美国政党领袖的作风	世界与中国（北平）	1946 年第 2 卷第 1 期
马龙璧（译）	惊心动魄的原子战争（Joseph Stewart Alsop）	世界与中国（北平）	1947 年第 2 卷第 3 期
马龙璧（译）	原子笔及其竞争（Don Wharton）	世界与中国（北平）	1947 年第 2 卷第 4/5 期
马龙璧（译）	冰岛：真正的民主乐园（Gene Gaffney）	世界与中国（北平）	1947 年第 2 卷第 6 期
马龙璧（译）	世界最芬芳的市镇：葛娜西	世界与中国（北平）	1947 年第 3 卷第 1 期
马龙璧（译）	女侦探小说家：莱茵哈特	新思潮	1947 年第 1 卷第 6 期

王芷章

王芷章（1903～1982），字伯生，号二渠。河北省平山县人。戏曲史家。1925 年河北省立正定第七中学毕业，考入北京孔教大学，攻读中国文学。1929 年毕业，任保定民生中学国文教员。

1933 年 8 月进入国立北平图书馆工作，任编目部中文编目组书记、助理，从事戏曲史研究工作，深入研究清代升平署档案。1942 年离馆后，任中央大学中文系教授。1946 年任西北大学中文系副教授，讲授中国戏曲史。新中国成立后，曾任西北文联委员，参加西北地区戏剧改革工作。1952 年任北京二十三中教师。1956 年任中国戏曲研究院研究员。还曾参加中国文学艺术研究院研究生部的教学工作。主要著作有《中国京剧编年史》《中国戏曲声腔丛考》《京剧名艺人传略集》《中国梨园发展史》等。

专书

署名	书名	出版者	出版年
王芷章	腔调考原	北平：双肇楼图书部	1934 年
王芷章	二渠村舍丛书	出版者不详	1936 年
王芷章	清代伶官传	北平：中华印书局	1936 年
王芷章	北平图书馆藏升平署曲本目录	北平：国立北平图书馆	1936 年
王芷章	清升平署志略	北平：国立北平研究院史学研究会	1937 年

单篇文章

署名	文章名	报刊名	期数
王芷章	“乱弹”名词涵义之研究	东方文化月刊	1938 年第 1 卷第 5 期

续表

署名	文章名	报刊名	期数
二渠	“莲花落”及其他	民意	1940 年第 1 卷第 1 期
二渠	民意与戏曲	民意	1940 年第 1 卷第 4 期
二渠	戏剧：怎样改革中国旧剧（未完）	国艺	1940 年创刊号
二渠	戏剧：怎样改革中国旧剧（续）	国艺	1940 年第 1 卷第 2 期
二渠	戏剧：金陵曾为戏曲中心（上）	国艺	1940 年第 1 卷第 5/6 期
二渠	戏剧：金陵曾为戏曲中心（下）	国艺	1940 年第 2 卷第 1 期
二渠	梨园述异：伶人被参二则：一、陈银儿	国艺	1940 年第 2 卷第 2 期
二渠	梨园述异：伶人被参二则：二、田际云	国艺	1940 年第 2 卷第 3 期
二渠	翁文恭日记中戏剧史料评辑（上）	国艺	1940 年第 2 卷第 4 期
二渠	翁文恭日记中戏剧史料评辑（中）	国艺	1940 年第 2 卷第 5/6 期
二渠	翁文恭日记中戏剧史料评辑（三）	国艺	1941 年第 3 卷第 1 期

续表

署名	文章名	报刊名	期数
二渠	翁文恭日记中戏剧史料评辑（四）	国艺	1941 年第 3 卷第 2 期
二渠	状元夫人（未完）	国艺	1941 年第 3 卷第 3 期
二渠	状元夫人（下）	国艺	1941 年第 3 卷第 4 期
二渠	游乐三艺术精进	三六九画报	1942 年第 15 卷第 18 期

贺昌群

贺昌群（1903～1973），字藏云，笔名昌群。四川马边人。1921 年考入上海沪江大学，翌年因家贫辍学，考入商务印书馆编译所，其间加入文学研究会。1930 年东渡日本。翌年回国，任河北女子师范学院教授，兼任北平图书馆工作。1933 年 9 月转聘国立北平图书馆，任馆编纂委员会委员，负责编辑《图书季刊》，主编《大公报·图书副刊》，1936 年 8 月任舆图部代主任。1937 年 6 月举家南迁杭州，任教于浙江大学史地系，后随浙江大学内迁。1939 年至四川乐山佐理复性书院事务。1940 年回乡创办马边中学，并担任校长。1941 年后任教东北大学、中央大学等。抗战胜利后，任中央大学历史系主任。1950 年任南京图书馆馆长，1953 年调任中国科学院历史研究所研究员兼中国科学院图书馆副馆长。1958 年辞去中国科学院图书馆副馆长职，任秦汉魏晋南北朝史研究室主任。著述有《元曲概论》《古代西域交通与法显印度巡礼》《汉唐间封建土地所有制形式研究》《两汉政治制度论》等。

专书

署名	书名	出版者	出版年
贺昌群（译）	西域之佛教（羽溪了谛）	上海：商务印书馆	1933 年
贺昌群（译）	中国语言学研究（高本汉）	上海：商务印书馆	1934 年

单篇文章

署名	文章名	报刊名	期数
贺昌群（译）	郎世宁传考略（石田干之助）	国立北平图书馆馆刊	1933 年第 7 卷第 3/4 期合刊
贺昌群	日本学术界之“支那学”研究	大公报·图书副刊	第 3 期（1933 年 10 月 26 日）；《图书季刊》1934 年第 1 卷第 1 期
贺昌群（译）	科兹洛夫发见南宋版画美人图考（那波利贞）	河北女子师范学院院刊	1933 年第 1 卷第 1 期
贺昌群	论读书	付东华编：复兴初级中学教科书《国文》第四册	1933 年
贺昌群	买线装书	中学生	1933 年第 39 期

续表

署名	文章名	报刊名	期数
昌群	自己	文学（上海 1933）	1933 年第 1 卷第 3 期
贺昌群	论唐代的边塞诗	文学（上海 1933）	1934 年第 2 卷第 6 期
贺昌群	三种汉画之发见	文学季刊（北平）	1934 年第 1 卷第 1 期
贺昌群	华山之行	中学生	第 50 期，收入中学生社《我的旅行记》，开明书店，1935 年
贺昌群	一个对比	大公报·图书副刊	1934 年第 17 期
贺昌群	瀛书腴语：欧洲人对于中国上古史的研究	大公报·图书副刊	第 30 期（1934 年 6 月 9 日）；《图书季刊》第 3 卷第 3 期
贺昌群	书评：唐代长安与西域文明	大公报·图书副刊	第 18 期（1934 年 3 月 17 日）
贺昌群	瀛书腴语：中国经典的翻译	大公报·图书副刊	第 38 期（1934 年 8 月 4 日）；《图书季刊》第 3 卷第 3 期
藏云	图书的批评	大公报·图书副刊	第 43 期（1934 年 9 月 8 日）

续表

署名	文章名	报刊名	期数
贺昌群	悼洛佛尔氏	国立北平图书馆馆刊	1934年第8卷第5号;《图书季刊》1935年第2卷第1期,《大公报图书副刊》1934年9月
贺昌群	流沙坠简校补	国立北平图书馆馆刊	1934年第8卷第5号;《图书季刊》1935年第2卷第1期
贺昌群	唐代女子服装考	大公报·艺术周刊	第14期(1935年1月5日)
贺昌群	唐代女子服装考	大公报·艺术周刊	第15期(1935年1月12日)
贺昌群	唐代的日本留学生	宇宙风	1935年第25期
藏云	大观园源流辨	大公报·文艺副刊	第160期(1935年7月14日)
贺昌群	论历代建都与外患及国防之关系	益世报·史学(天津)	第14期(1935年10月29日)
藏云(译)	西耳文·勒韦教授逝世(钢和泰)	国立北平图书馆馆刊	1935年第9卷第5号
藏	新书介绍:考古专报第一卷第一号(国立北平研究院史学研究会)	图书季刊	1935年第2卷第1期

续表

署名	文章名	报刊名	期数
藏	新书介绍：支那山水画史（伊势专一郎著）	图书季刊	1935 年第 2 卷第 1 期
藏	新书介绍：唐宋之绘画（金原省吾著，傅抱石译）	图书季刊	1935 年第 2 卷第 1 期
藏	新书介绍：法书论（L. Driseoll and K，Toda.）	图书季刊	1935 年第 2 卷第 2 期
藏	新书介绍：西伦氏中国古代绘画史	图书季刊	1935 年第 2 卷第 2 期
藏	新书介绍：章氏丛书续编	图书季刊	1935 年第 2 卷第 2 期
藏	新书介绍：元明散曲小史（梁乙真著）	图书季刊	1935 年第 2 卷第 2 期
藏	新书介绍：三国志注补彩印（清赵一清撰）	图书季刊	1935 年第 2 卷第 3 期
藏	新书介绍：造园学概论（陈植著）	图书季刊	1935 年第 2 卷第 3 期
藏	新书介绍：词话丛编（唐圭璋校编）	图书季刊	1935 年第 2 卷第 3 期
藏云	书评：论京都帝大重刊“四译馆则”	图书季刊	1935 年第 2 卷第 4 期
藏云	书评：六朝陵墓调查报告	图书季刊	1935 年第 2 卷第 4 期

续表

署名	文章名	报刊名	期数
贺昌群	江南文化与两浙人文	图书展望	第2卷第1期；《国风》第8卷第9/10期，《大公报》1936年11月3日：“浙江文献展览会特刊”
贺昌群	旧京速写	载《我的旅行记》	中学生社，开明书店，1935年
贺昌群	伦敦中国艺术展览会品类概说	大公报·艺术周刊（天津）	第65期（1936年1月4日）
贺昌群	历史学的新途径	中学生	1936年第61期
贺昌群	汉以后中国人对于世界地理知识之演进	禹贡（半月刊）	1936年第5卷第3/4期
贺昌群	佛教文学史上之一大问题：大唐西域记之译与撰	图书季刊	1936年第3卷第3期；《人海灯》1937年第4卷第1期
藏云	书评：西厢记的英译（熊式一译）	图书季刊	1936年第3卷第3期
藏云	书评：战国式铜器之研究	图书季刊	1936年第3卷第3期
藏云	书评：汉武梁祠画像录（附考释）	图书季刊	1936年第3卷第4期

续表

署名	文章名	报刊名	期数
贺昌群	汉初之南北军	中国社会经济史集刊	1937 年第 5 卷第 1 期
贺昌群	民族的自信	国命旬刊	1937 年创刊号
贺昌群	世界列强与春秋霸者	国命旬刊	1937 年第 4 期

向　仲

向仲（1910～?），女，湖南溆浦人，向达之妹。清华大学历史系毕业，1933 年 9 月至 1937 年 2 月，任国立北平图书馆编目部中文编目组馆员、采访部中文采访组馆员。

单篇文章

署名	文章名	报刊名	期数
向仲	民国二十二年国内学术团体集会历（附表）	图书季刊	1934 年第 1 卷第 1 期
向仲	关于太平天国的书籍	同行月刊	1936 年第 4 卷第 6 期
向仲	新书介绍：太平天国丛书第一集	图书季刊	1936 年第 3 卷第 1～2 期

孙述万

孙述万（1902～1988），字书城，湖北黄陂人。1925 年毕业于武昌文华大学图书科，获文学士。历任浙江大学图书馆馆员、厦门大学图书馆主任、湖北省立图书馆馆长。1933 年 10 月到国立北平图书馆工作，先后任期刊部中文期刊组组长、采访部西文采访组组长兼期刊组组长等。抗战期间，派在北平图书馆驻香港办事处，负责采访和通讯处事务。后调重庆办事处，任编纂、度藏组组员。1943 年年底转职天府矿业公司，后任重庆大学图书馆馆长、教授。自 1952 年起，任西南师范大学教授和图书馆馆长。曾担任中国图书馆学会常务理事，四川省图书馆学会副理事长、学术顾问，重庆市图书馆学会理事长等职务。合译有《世界国立图书馆概况》。

单篇文章

署名	文章名	报刊名	期数
孙书城	中文期刊生卒调查表	中华图书馆协会会报	1934 年第 9 卷第 4 期
孙述万（译）	捷克国国立图书馆——葡拉圭公众大学图书馆（爱士德尔）	文华图书馆学专科学校季刊	1935 年第 7 卷第 3/4 期合刊

萧　璋

萧璋（1909～2001），字仲珪，四川三台人。1931 年毕业于北京大学国文系。曾在吉林省立第一师范学校、天津南开中学任职。1933 年至 1935 年 2 月任国立北平图书馆编目部中文编目组馆员。1940年起任浙江大学中文系副教授、教授，1948年应聘为辅仁大学教授。1952年起任北京师范大学中文系教授、系主任、学术委员。曾任中国语言学会理事、中国训诂学研究会常务理事、北京市语言学会顾问等职。长期从事训诂学研究，论著还有《文字训诂论集》《毛传条例探原》《谈毛传的单字相训等》《谈毛传解说诗句》等。

专书

署名	书名	出版者	出版年
萧璋	国立北平图书馆书目（目录类）	北平：国立北平图书馆	1934年

单篇文章

署名	文章名	报刊名	期数
萧璋	《四库全书》错讹删缺例证	北平晨报	1933年8月21日第12版

余炳元

余炳元（1909～?），字公复，湖北黄陂人。文华图书馆学专科学校肄业，1934年10月到国立北平图书馆工作，任采访部西文采访组组员，1936年9月调工程参考图书馆，1938年3月由平馆派往昆明，协助西南联合大学图书馆工作，后在国立北平图书馆驻昆明办事处征购西文书籍及整理西文期刊。1939年1月辞去平馆职务，在中央空军军官学校祥云分校任翻译。1943 年派赴印度，在中国驻印空军服务一年。1944 年去美，在加州三塔阿那空军根据地中国空军部任英文翻译。1947 年 4 月，任空军总司令部图书馆馆长。

单篇文章

署名	文章名	报刊名	期数
余炳元（译）	丹麦国国立图书馆（爱士德尔）	文华图书馆学专科学校季刊	1935 年第 7 卷第 3/4 期合刊
余炳元（译）	菲律宾儿童图书馆	中华图书馆协会会报	1935 年第 11 卷第 3 期
余炳元（译）	我们为什么读书（Perfecto S. Sison）	中华图书馆协会会报	1936 年第 12 卷第 2 期

莫余敏卿

莫余敏卿（1908 ~ ?），女，广东台山人。广州岭南大学文学士，1934 年美国哥伦比亚大学硕士毕业，曾在美国参观考察图书馆。1935 年夏返国，9 月受聘国立北平图书馆，任阅览部参考组组长。1937 年全面抗战爆发后，随同袁同礼南下长沙，1938 年 10 月派往昆明办事处，协助西南联合大学图书馆工作，并分别任平馆驻昆明办事处西文文书兼会计、主任兼总务组组长、参考部主任等。1944 年受美国西方大学之聘，担任该校研究员。1947 年任平馆阅览组参考股股长、英文《图书季刊》编辑。后曾任美国加州大学东方部图书馆馆长。

单篇文章

署名	文章名	报刊名	期数
M. Y. Mok（莫余敏卿）	Selected Chinese Reference Books, 1933 – 1935	*Quarterly Bulletin of Chinese Bibliography*（《图书季刊》英文版）	1936 年第 3 卷第 2 期

王育伊

王育伊（1907～?），浙江黄岩人。燕京大学毕业，1935 年 8 月应聘到国立北平图书馆工作，任编目部索引组组长。1939 年由平馆派往昆明，负责中日战争史料征辑会中文资料整理等工作。随后转职齐鲁大学国学研究所，1941 年转任中央研究院历史语言研究所图书管理员。1943 年 5 月再应平馆之聘，任上海办事处编纂。1948 年年底离职，后在上海图书馆工作。

专书

署名	书名	出版者	出版年
王育伊（译）	美国史略（Allan Nevins、Henry Steele Commager）	上海：商务印书馆	1946 年
王育伊（译）	美国经济生活史（毕宁）	上海：商务印书馆	1947 年

单篇文章

署名	文章名	报刊名	期数
王育伊	宋史地理志燕云两路集证	禹贡（半月刊）	1935 年第 3 卷第 7 期
王育伊	石晋割赂契丹地与宋志燕云两路范围不同辨	禹贡（半月刊）	1935 年第 3 卷第 9 期
王育伊	历史地图制法的讨论	禹贡（半月刊）	1935 年第 2 卷第 12 期
王育伊	三朝北盟会编考异一则	齐鲁学报	1941 年第 1 期
王育伊	书评：唐代政治史述论稿（陈寅恪著）	图书季刊	1943 年新第 4 卷第 3/4 期；《燕京学报》1946 年第 30 期
王育伊	书评：五朝门第：附高门世系婚姻表（王伊同著）	图书季刊	1944 年新第 5 卷第 1 期
王育伊	书评：中国分省新图（战后订正第五版）	图书季刊	1948 年新第 9 卷第 3/4 期
王育伊	补白：中国分省新图（书评）	图书季刊	1948 年新第 9 卷第 3/4 期

吴光清

吴光清（1905～2000），字子明，江西九江人。1927 年毕业于金陵大学，后在该校图书馆工作。1930年赴哥伦比亚大学研习图书馆学，后入密西根大学图书馆学系攻读硕士学位，1932年毕业。回国后，任金陵女子大学图书馆馆长。1935年8月至1937年10月在国立北平图书馆工作，任编目部主任兼中文编目组组长、编纂、《国立北平图书馆馆刊》编委、《图书馆学季刊》编辑。1938年8月由北平图书馆推荐前往美国国会图书馆东方部实习，任编目工作。1941年入芝加哥大学图书馆学研究院，1944年获博士学位。此后继续服务于美国国会图书馆东方部。其间曾于1941～1947年兼任国立北平图书馆华盛顿办事处采访工作、馆总务主任兼秘书等。1966年升任美国国会图书馆东方部中韩组主任，直至1975年退休。

单篇文章

署名	文章名	报刊名	期数
Wu, Kuang Tsing	Ten years of classification and cataloging in China	Libraries in China: Papers prepared on the occasion of the 10th anniversary of the Library Association of China	Bei Ping: Library Association of China, 1935
吴光清	The development of modern libraries in China	*China Quarterly*	Vol. 1, No. 3 (1936)
吴光清	The Chinese book: its evolution and development (《中国图书的演进与发展》)	*T'ien – hsia Monthly*	Vol. 3, No. 1 (1936)

续表

署名	文章名	报刊名	期数
吴光清	The development of printing in China（《中国印刷术的发展》）	*T'ien – hsia Monthly*	Vol. 3，No. 2（1936）
吴光清	Libraries and book – collecting in China before the invention of printing（《印刷发明前的中国图书馆和藏书家》）	*T'ien – hsia Monthly*	Vol. 5，No. 3（1937）

于炳照

于炳照（1907～?），字临之，河北沧县人。1935 年 11 月到国立北平图书馆工作，任采访部西文采访组、期刊组组员。1937 年 2 月借聘到北平育英中学，任该校图书馆主任。

单篇文章

署名	文章名	报刊名	期数
临	时论撮要：初级专门学校图书馆之标准	图书馆学季刊	1936 年第 10 卷第 3 期
临	时论撮要：专门图书馆工作之训练	图书馆学季刊	1936 年第 10 卷第 3 期

颜泽霮

颜泽霮（1913～?），字希渊，广东连平人。文华图书馆学专科学校毕业，1936年7月受聘国立北平图书馆，任采访部西文采访组组员。1938年9月初由平馆派往昆明办事处，任采访组员。其间兼任中日战事史料征辑会干事，主要负责西文采访和西文资料整理，并协助西南联合大学图书馆工作。自1940年起，任《图书季刊》英文版编辑。1941年调任平馆驻渝办事处，任西文采访组组员，其间曾担任文华图书馆学专科学校英文兼课教师。1943年12月辞平馆职务，改就华英业公司之聘，1944年就任资源委员会经济研究所资料室主任。著述有《说贫》，诗作《偏来了》等。

单篇文章

署名	文章名	报刊名	期数
颜泽霮（译）	市镇图书馆概论（英国图书馆协会）	文华图书馆学专科学校季刊	1937年第9卷第1期
颜泽霮（译）	市镇图书馆概论（续）（英国图书馆协会）	文华图书馆学专科学校季刊	1937年第9卷第2期
颜泽霮（译）	市镇图书馆概论（续）（英国图书馆协会）	文华图书馆学专科学校季刊	1937年第9卷第3/4期

梁启雄

梁启雄（1900～1965），字述任、季雄，广东新会人。曾就读于崇德中学，之后在南开中学、南开大学学习，因母病中途辍学。1924 年任广东新会县中学教师半年。1925 年在清华大学，为其兄梁启超做助手。后来历任东北大学、北平交通大学中文系教师，燕京大学中文系、辅仁大学讲师，燕京大学中文系、历史系和北京大学中文系、哲学系教授。1936 年 8 月到国立北平图书馆工作，任金石部馆员，1939 年代理金石部主任，1940 年辞馆职。去世前为中国科学院社科部哲学研究所研究员。著述有《荀子简释》《韩非子浅解》等。

专书

署名	书名	出版者	出版年
梁启雄	二十四史传目引得	上海：中华书局	1936 年

胡绍声

胡绍声（1911～?），湖北汉口人，金陵大学文学士。1934 年起，曾任金陵大学图书馆学会总务、干事。1937 年 2 月转职国立北平图书馆，任南京工程参考图书馆馆员。1938 年 6 月，由平馆派往蒙自，帮助西南联合大学文法学院图书馆工作。次年 6 月调回平馆昆明办事处，负责西文采访、中文编目等。1941 年调重庆办事处，负责西文采访和编制中西文经济建设论文索引等。1943 年 8 月离馆后，先后任三民主义青年团干部学校图书馆主任、南开中学英文教员、美国驻华大使馆秘书等。后任职山西大学图书馆，1952 年起任该馆副馆长。

单篇文章

署名	文章名	报刊名	期数
声	时论撮要：音乐图书馆协会	图书馆学季刊	1937 年第 11 卷第 1 期

钱存训

钱存训（1909～2015），字公垂，笔名宜叔、存训。江苏泰州人，著名学者、图书馆学家。1932 年毕业于金陵大学，获文学士。毕业后曾在金陵大学图书馆、金陵女子文理学院图书馆工作，后应上海交通大学图书馆之聘，任副馆长。1937 年 7 月担任国立北平图书馆南京工程参考图书馆主任和编纂委员，1938～1946 年在北平图书馆上海办事处工作。太平洋战争爆发前，102 箱平馆存沪善本书安全转运至美国国会图书馆，因此得到国民政府教育部传令嘉奖。1947 年作为北平图书馆交换馆员赴美国芝加哥大学工作和进修，1952 年获图书馆学硕士学位，1957 年获博士学位。先后任美国芝加哥大学东亚图书馆馆长、东亚语言文化系兼图书馆学研究院教授、英国李约瑟研究所名誉研究员、亚洲研究协会东亚图书馆委员会主席、国际东方图书馆协会顾问、美国中国出版服务公司董事长等职。著述巨富，发表专著和论文 160 多种。主要著述有《书于竹帛》《纸和印刷》《留美杂忆》及《中国文化史选集》等。

单篇文章

署名	文章名	报刊名	期数
钱存训等（译）	英王·宪法与女人（萧伯纳）	时事类编	1937年第5卷第15期
存训	上海各图书馆被毁及现况调查	中华图书馆协会会报	1938年第13卷第3期
宜叔	隋唐时代中日文化关系之检讨	学术界	1942年第1卷第4期
宜叔	隋唐时代中日文化关系之检讨	学术界	1942年第1卷第5期
宜叔	隋唐时代中日文化关系之检讨	学术界	1942年第1卷第6期

张　敬

张敬（1918～1996），女，谱名清徽，北京人（原籍贵州安顺）。先后肄业于北京大学文科研究所、西南联大。1939～1941年在国立北平图书馆昆明办事处工作，任文书、《图书季刊》中文编纂及负责西南文献的征购。1942年任教于成都燕京大学，授诗词曲选，兼职金陵女子文理学院及齐鲁大学。抗战胜利后任教北平师大，1948年年底任空军参谋学校国文教官。后去台湾，1951年起，执教于台湾大学中文系、东吴大学、美国密歇根州立大学东方语文系，著述有《明清传奇导论》《南曲联套述例》《诗词在小说戏曲中的应用》《南宋词家之咏物》等。

单篇文章

署名	文章名	报刊名	期数
敬	图书介绍：尹文字直解（陈仲荄著）	图书季刊	1939 年新第 1 卷第 1 期
敬	图书介绍：文中子真伪汇考	图书季刊	1939 年新第 1 卷第 1 期
敬	图书介绍：中国韵文概论（梁启勋著）	图书季刊	1939 年新第 1 卷第 1 期
敬	图书介绍：诗体释例（胡才甫著）	图书季刊	1939 年新第 1 卷第 1 期
敬	图书介绍：南洋华侨与闽粤社会	图书季刊	1939 年新第 1 卷第 2 期
敬	图书介绍：广韵校勘记（周祖谟著）	图书季刊	1939 年新第 1 卷第 2 期
敬	图书介绍：中国文学史表解	图书季刊	1939 年新第 1 卷第 2 期
敬	图书介绍：历代五言诗评选（十六卷）	图书季刊	1939 年新第 1 卷第 2 期
敬	图书介绍：宋诗派别论（梁昆著）	图书季刊	1939 年新第 1 卷第 2 期
敬	图书介绍：江淹年谱（吴丕绩编著）	图书季刊	1939 年新第 1 卷第 2 期
敬	图书介绍：张江陵年谱（杨铎著）	图书季刊	1939 年新第 1 卷第 2 期

续表

署名	文章名	报刊名	期数
敬	图书介绍：和平的代价［西蒙智（Frank H. Simonds）、爱美尼（Boooks Emeny）著］	图书季刊	1939 年新第 1 卷第 2 期
敬	图书介绍：中国俗文学史（郑振铎著）	图书季刊	1939 年新第 1 卷第 3 期
敬	图书介绍：晚清小说史（阿英编）	图书季刊	1939 年新第 1 卷第 3 期
敬	图书介绍：小说戏曲新考（赵景深著）	图书季刊	1939 年新第 1 卷第 3 期
敬	图书介绍：弹词考证（赵景深著）	图书季刊	1939 年新第 1 卷第 3 期
敬	图书介绍：中国文学概论	图书季刊	1939 年新第 1 卷第 3 期
敬	图书介绍：中国语文概论（王力著）	图书季刊	1939 年新第 1 卷第 4 期
敬	图书介绍：文字学概论（汪国镇编著）	图书季刊	1939 年新第 1 卷第 4 期
敬	图书介绍：文章写作论（朱滋萃著）	图书季刊	1939 年新第 1 卷第 4 期
敬	图书介绍：西谛所藏善本戏曲目录	图书季刊	1939 年新第 1 卷第 4 期
敬	附录：美国东方学会会报（第五十九卷第三期）（W. N. Brown 主编）	图书季刊	1940 年新第 2 卷第 1 期

续表

署名	文章名	报刊名	期数
敬	图书介绍：云南石屏县志	图书季刊	1940年新第2卷第1期
敬	期刊介绍：云南实业通讯（第一期）	图书季刊	1940年新第2卷第1期
敬	图书介绍：日本一鉴三种	图书季刊	1940年新第2卷第1期
敬	图书介绍：马来亚历史概要	图书季刊	1940年新第2卷第1期
敬	图书介绍：散木居奏稿二十五卷	图书季刊	1940年新第2卷第1期
敬	图书介绍：法相辞典（朱芾煌编）	图书季刊	1940年新第2卷第1期
敬	图书介绍：行人司书目（明徐图等编）	图书季刊	1940年新第2卷第1期
敬	图书介绍：殷虚书契续编校记六卷（曾毅公著）	图书季刊	1940年新第2卷第1期
敬	图书介绍：历代甲子纪年表	图书季刊	1940年新第2卷第1期
敬	图书介绍：蒙古世系谱五卷	图书季刊	1940年新第2卷第1期
敬	图书介绍：旧闻零拾（邓之诚辑印）	图书季刊	1940年新第2卷第1期
敬	图书介绍：广州三月二十九日革命史	图书季刊	1940年新第2卷第1期

续表

署名	文章名	报刊名	期数
敬	图书介绍：甘宁青史略（正编三十二卷附编十四卷卷首三卷）（慕寿祺著）	图书季刊	1940 年新第 2 卷第 1 期
敬	图书介绍：甘肃胜迹	图书季刊	1940 年新第 2 卷第 1 期
敬	图书介绍：广西边务沿革史（吴憃编）	图书季刊	1940 年新第 2 卷第 1 期
敬	图书介绍：广西之建设（李宗仁等著）	图书季刊	1940 年新第 2 卷第 1 期
敬	图书介绍：滇边经营论（陈碧笙著）	图书季刊	1940 年新第 2 卷第 1 期
敬	图书介绍：国故谈苑（程树德著）	图书季刊	1940 年新第 2 卷第 1 期
敬	图书介绍：太炎文录续编七卷	图书季刊	1940 年新第 2 卷第 1 期
敬	图书介绍：章太炎先生自述学术次第	图书季刊	1940 年新第 2 卷第 1 期
敬	图书介绍：钱玄同先生纪念册	图书季刊	1940 年新第 2 卷第 1 期
敬	图书介绍：长春竞辰乐府	图书季刊	1940 年新第 2 卷第 1 期
敬	图书介绍：散曲选二卷（卢前编录）	图书季刊	1940 年新第 2 卷第 1 期

续表

署名	文章名	报刊名	期数
敬	图书介绍：社会学科之教材与教学法	图书季刊	1940 年新第 2 卷第 1 期
敬	图书介绍：最近欧美教育综览	图书季刊	1940 年新第 2 卷第 1 期
敬	图书介绍：五年来之福建统计事业	图书季刊	1940 年新第 2 卷第 1 期
敬	图书介绍：国际漫写（第一辑）	图书季刊	1940 年新第 2 卷第 1 期
敬	图书介绍：猝病新论（章炳麟著）	图书季刊	1940 年新第 2 卷第 1 期
敬	图书介绍：新编集成马医方牛医方	图书季刊	1940 年新第 2 卷第 1 期
敬	期刊介绍：贵州文献季刊第二、三期合刊	图书季刊	1940 年新第 2 卷第 1 期
敬	期刊介绍：西南边疆（月刊）第四、五、六期	图书季刊	1940 年新第 2 卷第 1 期
敬	期刊介绍：内院杂刊入蜀之作一至六	图书季刊	1940 年新第 2 卷第 1 期
敬	期刊介绍：中国语文月刊创刊号	图书季刊	1940 年新第 2 卷第 1 期
敬	期刊介绍：文学集林（月刊）第一集第二集	图书季刊	1940 年新第 2 卷第 1 期
敬	期刊介绍：国光艺刊（创始集第二集）	图书季刊	1940 年新第 2 卷第 1 期

续表

署名	文章名	报刊名	期数
敬	期刊介绍：甘肃科学教育馆学报创刊号	图书季刊	1940年新第2卷第1期
敬	期刊介绍：江西省地质调查所地质彙刊第一号	图书季刊	1940年新第2卷第1期
敬	期刊介绍：研究与进步一卷三期	图书季刊	1940年新第2卷第1期
敬	期刊介绍：法文研究（月刊）第一、二期	图书季刊	1940年新第2卷第1期
敬	图书介绍：新都见闻录（吴济生著）	图书季刊	1940年新第2卷第2期
敬	图书介绍：李仪祉先生纪念刊	图书季刊	1940年新第2卷第2期
敬	图书介绍：云南路南县乡土志辑要	图书季刊	1940年新第2卷第2期
敬	图书介绍：历代屯田考（张君约著）	图书季刊	1940年新第2卷第2期
敬	图书介绍：中国战时经济政策	图书季刊	1940年新第2卷第2期
敬	图书介绍：关于德波关系及英德开战之文件	图书季刊	1940年新第2卷第2期
敬	图书介绍：苏芬冲突与国际现势	图书季刊	1940年新第2卷第2期
敬	图书介绍：江西省地质矿产图表	图书季刊	1940年新第2卷第2期

续表

署名	文章名	报刊名	期数
敬	图书介绍：美国政治思想史前后编（C. E. Merriam 原著）	图书季刊	1940 年新第 2 卷第 2 期
敬	图书介绍：日美关系的内幕（Julean Arnold 原著）	图书季刊	1940 年新第 2 卷第 2 期
敬	图书介绍：中国及其未完成的革命（美国 H. Pratt 著）	图书季刊	1940 年新第 2 卷第 2 期
敬	图书介绍：离骚研究（陈适著）	图书季刊	1940 年新第 2 卷第 2 期
敬	图书介绍：清明集（周黎庵著）	图书季刊	1940 年新第 2 卷第 2 期
敬	图书介绍：尔雅本字考释诂卷上	图书季刊	1940 年新第 2 卷第 2 期
敬	图书介绍：古今语（上册）	图书季刊	1940 年新第 2 卷第 2 期
敬	图书介绍：文字语根学（周嘉禾著）	图书季刊	1940 年新第 2 卷第 2 期
敬	图书介绍：安邱土语志（周干庭著）	图书季刊	1940 年新第 2 卷第 2 期
敬	图书介绍：中国帝号标题一览	图书季刊	1940 年新第 2 卷第 2 期
敬	图书介绍：中国文化与中国的兵	图书季刊	1940 年新第 2 卷第 2 期
敬	图书介绍：山东文化研究史甲编	图书季刊	1940 年新第 2 卷第 2 期

续表

署名	文章名	报刊名	期数
敬	图书介绍：释宫室（马宗芗著）	图书季刊	1940 年新第 2 卷第 2 期
敬	图书介绍：老子音释（周干庭编）	图书季刊	1940 年新第 2 卷第 2 期
敬	图书介绍：薛仁贵征东考（卫聚贤著）	图书季刊	1940 年新第 2 卷第 2 期
敬	图书介绍：楚词研究	图书季刊	1940 年新第 2 卷第 2 期
敬	图书介绍：中兴鼓吹二卷（卢前著）	图书季刊	1940 年新第 2 卷第 2 期
敬	图书介绍：南北词简谱十卷（吴梅著）	图书季刊	1940 年新第 2 卷第 2 期
敬	图书介绍：鲍照年谱（吴丕续编著）	图书季刊	1940 年新第 2 卷第 2 期
敬	图书介绍：莫贞定先生年谱	图书季刊	1940 年新第 2 卷第 2 期
敬	图书介绍：袁屏山传记（张希鲁述）	图书季刊	1940 年新第 2 卷第 2 期
敬	图书介绍：古小说钩沈（鲁迅著）	图书季刊	1940 年新第 2 卷第 2 期
敬	期刊介绍：燕京学报（第二十六期）	图书季刊	1940 年新第 2 卷第 2 期

续表

署名	文章名	报刊名	期数
敬	期刊介绍：覆瓿月刊（一九三九年十二月号，一九四〇年一月号二月号）	图书季刊	1940年新第2卷第2期
敬	期刊介绍：辅仁文苑（季刊第一辑第二辑）	图书季刊	1940年新第2卷第2期
敬	期刊介绍：学术（第一辑、第二辑）	图书季刊	1940年新第2卷第2期
敬	期刊介绍：中和月刊（第一卷第一期）	图书季刊	1940年新第2卷第2期
敬	期刊介绍：责善半月（创刊号）	图书季刊	1940年新第2卷第2期
敬	期刊介绍：学习半月刊（创刊号）	图书季刊	1940年新第2卷第2期
敬	期刊介绍：文学集林（第三辑）	图书季刊	1940年新第2卷第2期
敬	期刊介绍：文学月刊（创刊特大号）	图书季刊	1940年新第2卷第2期
敬	期刊介绍：长风月刊（创刊号）	图书季刊	1940年新第2卷第2期
敬	期刊介绍：译刊月刊（创刊号）	图书季刊	1940年新第2卷第2期
敬	期刊介绍：国际月刊（创刊号）	图书季刊	1940年新第2卷第2期

续表

署名	文章名	报刊名	期数
敬	期刊介绍：国际间半月刊（创刊号、第一卷第二期）	图书季刊	1940 年新第 2 卷第 2 期
敬	期刊介绍：研究与进步（第一卷第四期）	图书季刊	1940 年新第 2 卷第 2 期
敬	期刊介绍：公路月刊（第一卷第一期）	图书季刊	1940 年新第 2 卷第 2 期
敬	附录：中国小说（美国赛珍珠著）	图书季刊	1940 年新第 2 卷第 2 期
敬	附录：哈佛东方学季刊（第四卷第三四期合刊第五卷第一期）	图书季刊	1940 年新第 2 卷第 2 期
敬	附录：美国东方学会季刊（第五十九卷第四期）	图书季刊	1940 年新第 2 卷第 2 期
敬	附录：美国东方学会季刊增刊	图书季刊	1940 年新第 2 卷第 2 期
敬	图书介绍：宋四大书考（郭伯恭著）	图书季刊	1940 年新第 2 卷第 3 期
敬	图书介绍：图书馆（杜定友著）	图书季刊	1940 年新第 2 卷第 3 期
敬	图书介绍：书籍杂志报纸处理法	图书季刊	1940 年新第 2 卷第 3 期
敬	图书介绍：石鼓文研究（郭沫若著）	图书季刊	1940 年新第 2 卷第 3 期

续表

署名	文章名	报刊名	期数
敬	图书介绍：书法精论（丁文隽著）	图书季刊	1940 年新第 2 卷第 3 期
敬	图书介绍：中国通史（吕思勉著）	图书季刊	1940 年新第 2 卷第 3 期
敬	图书介绍：燕都风土丛书（顾森等著）	图书季刊	1940 年新第 2 卷第 3 期
敬	图书介绍：高晓志（由云龙撰）	图书季刊	1940 年新第 2 卷第 3 期
敬	图书介绍：文天祥年谱（杨德恩著）	图书季刊	1940 年新第 2 卷第 3 期
敬	图书介绍：龚定盦研究（朱杰勤著）	图书季刊	1940 年新第 2 卷第 3 期
敬	图书介绍：翁文恭公军机处日记	图书季刊	1940 年新第 2 卷第 3 期
敬	图书介绍：张文襄公年谱（胡钧纂辑）	图书季刊	1940 年新第 2 卷第 3 期
敬	图书介绍：陈介石先生年谱	图书季刊	1940 年新第 2 卷第 3 期
敬	图书介绍：铜仁徐氏先世事略前后编	图书季刊	1940 年新第 2 卷第 3 期
敬	图书介绍：助字辨略（清刘淇著）	图书季刊	1940 年新第 2 卷第 3 期
敬	图书介绍：经学源流考八卷	图书季刊	1940 年新第 2 卷第 3 期

续表

署名	文章名	报刊名	期数
敬	图书介绍：尊经社讲演录（甘鹏云述）	图书季刊	1940 年新第 2 卷第 3 期
敬	图书介绍：复性书院讲录卷二	图书季刊	1940 年新第 2 卷第 3 期
敬	图书介绍：雕菰楼易义（程启盘著）	图书季刊	1940 年新第 2 卷第 3 期
敬	图书介绍：老子韩氏说（陈柱著）	图书季刊	1940 年新第 2 卷第 3 期
敬	图书介绍：许郑学庐存稿	图书季刊	1940 年新第 2 卷第 3 期
敬	图书介绍：敬畏斋公牍二卷附录一卷	图书季刊	1940 年新第 2 卷第 3 期
敬	图书介绍：稼轩词四卷（宋辛弃疾著）	图书季刊	1940 年新第 2 卷第 3 期
敬	图书介绍：己卯丛编十种	图书季刊	1940 年新第 2 卷第 3 期
敬	图书介绍：中日关系条约汇释	图书季刊	1940 年新第 2 卷第 3 期
敬	图书介绍：邮政法总论（刘承汉著）	图书季刊	1940 年新第 2 卷第 3 期
敬	图书介绍：机电工程名词（普通部）	图书季刊	1940 年新第 2 卷第 3 期
敬	图书介绍：德国史略（F. Stieve 著）	图书季刊	1940 年新第 2 卷第 3 期

续表

署名	文章名	报刊名	期数
敬	期刊介绍：志林（第一期）	图书季刊	1940年新第2卷第3期
敬	期刊介绍：建国学术月刊创刊号	图书季刊	1940年新第2卷第3期
敬	期刊介绍：辅仁学志（第八卷第二期）	图书季刊	1940年新第2卷第3期
敬	期刊介绍：中和月刊（第一卷第二期至第四期）	图书季刊	1940年新第2卷第3期
敬	期刊介绍：辅仁文苑季刊（第二辑）	图书季刊	1940年新第2卷第3期
敬	期刊介绍：读书知识月刊（创刊号）	图书季刊	1940年新第2卷第3期
敬	期刊介绍：读书通讯半月刊（创刊号及第二期）	图书季刊	1940年新第2卷第3期
敬	期刊介绍：资治半月刊（第一卷一期至二卷一期）	图书季刊	1940年新第2卷第3期
敬	期刊介绍：内院杂刊（入蜀之作六至七）	图书季刊	1940年新第2卷第3期
敬	期刊介绍：整建月刊（创刊特大号）	图书季刊	1940年新第2卷第3期
敬	期刊介绍：四川省地质调查所地质丛刊（第二号）	图书季刊	1940年新第2卷第3期
敬	期刊介绍：同济医学季刊（第七卷第三期）	图书季刊	1940年新第2卷第3期

续表

署名	文章名	报刊名	期数
敬	期刊介绍：法文研究月刊（第四期至第六期）	图书季刊	1940年新第2卷第3期
张敬	书评：评锺祥方言记（赵元任著）	图书季刊	1940年新第2卷第3期
敬	附录：Western Concepts of China and Chinese（《十九世纪中叶西人对于中国及中国人观念》）	图书季刊	1940年新第2卷第4期
敬	期刊介绍：国立中央研究院气象研究所集刊（暂行本）	图书季刊	1940年新第2卷第4期
敬	期刊介绍：燕京学报（第二十七期）	图书季刊	1940年新第2卷第4期
敬	期刊介绍：南洋学报（第一卷第一辑）	图书季刊	1940年新第2卷第4期
敬	图书介绍：世界文化史（陈廷璠译）	图书季刊	1940年新第2卷第4期
敬	图书介绍：周易的构成时代	图书季刊	1940年新第2卷第4期
敬	图书介绍：两千年中公历对照表	图书季刊	1941年新第3卷第1/2期
敬	图书介绍：孙子兵法新检讨	图书季刊	1941年新第3卷第1/2期
敬	图书介绍：中国文学家列传	图书季刊	1941年新第3卷第1/2期

张申府

张申府（1893～1986），原名张崧年，一作张嵩年，又作张松年，字申府（与名并行），笔名申夫、申甫、张申甫、张赤、赤、赤子、张弓、张尚、张赭、见素。河北献县人。1917年毕业于北京大学数学系，1920年赴法国，后赴德国留学，1923年年底回国。历任北京大学讲师，广东大学哲学与数学教授兼图书馆主任，教育部编审委员，国立编译馆编纂兼图书馆主任，中国大学、清华大学等校哲学教授，第一届国民参政会参政员，全国战时教育协会理事等。抗战期间，曾先后主编《战时文化》《抗敌新闻》及《新华日报》等报刊。1942年11月至1946年，在国立北平图书馆昆明、重庆办事处工作，任编纂部主任。1949年9月起再到国立北平图书馆工作。新中国成立后，任北京图书馆研究员，第五、六届全国政协委员，中国农工民主党中央顾问。著述有《张申府学术论文集》《名理论》《罗素哲学译述集》等。

专书

署名	书名	出版者	出版年
张申府（编译）	“四大自由”及其他有关战后国际和平组织的重要文件	重庆：国际问题学会	1945年

单篇文章

署名	文章名	报刊名	期数
张申府	书评：欧洲和平之条件［Edward Hallet Carr（嘉尔）著］	图书季刊	1943 年新第 4 卷第 1/2 期
张申府	书评：言语、意谓、知识、真理、世界结构：经验知识之数理逻辑解析［Bertrand Russell（罗素）著］	图书季刊	1943 年新第 4 卷第 1/2 期
张申府	书评：逻辑新书	图书季刊	1943 年新第 4 卷第 3/4 期
张申府	书评：美外交政策	图书季刊	1944 年新第 5 卷第 1 期
张申府	书评：方来之未来	图书季刊	1944 年新第 5 卷第 1 期
张申府	书评：亚洲之国与民	图书季刊	1944 年新第 5 卷第 2/3 期
张申府	书评：租借法——胜利武器	图书季刊	1944 年新第 5 卷第 2/3 期
张申府	书评：TVA（田洼局）——民主在进行中	图书季刊	1944 年新第 5 卷第 2/3 期
张申府	书评：安全之柱	图书季刊	1944 年新第 5 卷第 2/3 期

续表

署名	文章名	报刊名	期数
张申府	东西文化较论	图书季刊	1944年新第5卷第4期
张申府	关于改造社会学术风气	中央周刊	1944年第6卷第25/26期
张申府	宪法与妇女	民宪（重庆）	1944年第1卷第1期
张申府	新书评介	民宪（重庆）	1944年第1卷第3期
张申府	自由与组织	民宪（重庆）	1944年第1卷第4期
张申府	我们为什么要民主与自由	民宪（重庆）	1944年第1卷第6期
张申府	民主与哲学	民宪（重庆）	1944年第1卷第10期
张申府	我们应该怎么样？	国讯	1944年第382期
张申府	民主集体主义	宪政	1944年第5期
张申府	我的立场和信念	再生	1945年第100期
张申府	我的哲学的中心点：具体相对论	中学生	1945年第91/92期
张申府	民主团结的精神条件	文萃	1945年第1期
张申府	北平通讯：华服下的疮疤	文萃	1945年第6期
张申府	民主的三种类型	华声	1945年第1卷第5～6期

续表

署名	文章名	报刊名	期数
张申府	中国与中国人	国讯	1945 年第 387 期
张申府	民主与教育	战时教育	1945 年第 9 卷第 2 期
张申府（译）	现代学人的责任：一篇想象的老赫胥黎与小赫胥黎的谈话（尤里安·赫胥黎）	民宪（重庆）	1945 年第 1 卷第 11 期
张申府	一个呼吁	民宪（重庆）	1945 年第 1 卷第 12 期
张申府	参考书指南	图书季刊	1945 年新第 6 卷第 3/4 期
张申府	逻辑与政治（续完）	民主	1945 年第 2 期
张申府	罗素——现代生存的最伟大的哲学家	人物杂志	1946 年第 1 卷第 2 期
张申府	当代人物志略	人物杂志	1946 年第 1 卷第 10 期
张申府	共同纲领的原则部份	青年学习（重庆）	1946 年第 1 卷第 1/2 期
张申府	论青年修养	唯民周刊	1946 年第 1 卷第 5 期
张申府	人之云亡，邦国殄瘁	中华论坛	1946 年第 2 卷第 7/8 期
张申府	时局感言	民主周刊（北平）	1946 年第 13 期

续表

署名	文章名	报刊名	期数
张申府	痛悼民主战士李公朴先生：公朴先生不死	文萃	1946 年第 39 期
张申府	书评：新原人与新原道	图书季刊	1946 年新第 7 卷第 1/2 期
张申府	我对于目前时局的看法	书报精华	1946 年第 19 期
张申府	这打击得了民主运动么?：怀念韬奋先生·痛悼陶行知先生	群众文摘	1946 年第 3 期

傅芸子

傅芸子（1902～1948），满族，姓富察，原名傅宝堃，字韫之，号餐英，别署餐英子，室名餐英庐，又别号竹醉生。幼时家贫，刻苦自学。早年在燕京华文学校（前身是华北协和华语学校）图书馆任职，又为《京报》记者。先后创办或主编《北京画报》《南金杂志》《国剧画报》等，并与梅兰芳、余叔岩、齐如山等发起成立国剧学会，担任《国闻周报》《京报》《益世报》撰述。1932 年去日本京都大学及东方文化研究所，讲授中国语言文学。20 世纪 40 年代初回国，1942 年 4 月至 1945 年 9 月任“北京图书馆”编目部索引组组长，同时执教北京大学文学院。抗战胜利后协助溥心畬主编北平《新生报》副刊《故都文物》，又与其弟傅惜华合作主编《华北日报》副刊《俗文学》。主要著作有《旧京闲话》《春明鳞爪录》《餐英庐随笔》《清代名人故宅考》等。

专书

署名	书名	出版者	出版年
傅芸子	白川集	东京：文求堂书店	1943 年

单篇文章

署名	文章名	报刊名	期数
傅芸子	《五更调》的演变——从敦煌的叹五更到明代的闹五更	中国留日同学会季刊	1942 年第 1 期
傅芸子	沈榜宛署杂记之发见	中和月刊	1942 年第 3 卷第 5 期
傅芸子	敦煌俗文学之发见及其展开	中央亚细亚	1942 年第 1 卷第 2 期
傅芸子、柯政和等	华北教育家座谈会：中日文化交流之首要办法	国民杂志（北京）	1942 年第 2 卷第 7 期；妇女杂志（北京）1942 年第 3 卷第 7 期
傅芸子	正仓院考古余记	国立华北编译馆馆刊	1942 年第 1 卷第 1 期
傅芸子	内阁文库读曲续记	中国留日同学会季刊	1943 年第 2 期
傅芸子	三十年来中国之敦煌学	中央亚细亚	1943 年第 2 卷第 4 期

续表

署名	文章名	报刊名	期数
傅芸子	敦煌本温室经讲唱押座文跋	北大文学	1943 年第 1 期;《支那佛教史学》1943 年第 7 卷第 1 期
傅芸子	从宛署杂记所见明代的京俗片影	艺文杂志	1943 年第 1 卷第 1 期
傅芸子	关于芗婴居士的紫幢轩诗	艺文杂志	1943 年第 1 卷第 2 期
傅芸子	祇园祭的回忆	艺文杂志	1943 年第 1 卷第 5 期
傅芸子	关于《破魔变文》——伦敦足本之发见	艺文杂志	1943 年第 1 卷第 3 期
傅芸子	日本两种中国化的料理:普茶料理与卓袱料理	艺文杂志	1943 年第 1 卷第 6 期
傅芸子	白川集序	华北作家月报	1943 年第 6 期
傅芸子	日本戏曲与中国戏曲	日本研究(北平)	1944 年第 3 卷第 2 期
傅芸子	思宗殉国树与曹翁	古今	1944 年第 45 期
傅芸子	壬生狂言	艺文杂志	1944 年第 2 卷第 1 期
傅芸子	关于撒豆追傩	艺文杂志	1944 年第 2 卷第 3 期
傅芸子	校辑明人时曲剳记	艺文杂志	1944 年第 2 卷第 12 期

续表

署名	文章名	报刊名	期数
傅芸子	汴京的酒店及其食品：读《东京梦华录》随笔之一	文史（上海）	1945 年第 3 期
傅芸子	近年来国学研究在北京	文化年刊	1945 年第 2 卷
傅芸子	东山草堂的追忆：并悼松本亡羊博士	艺文杂志	1945 年第 3 卷第 1～2 期
傅芸子	丑女缘起与贤愚经金刚品	艺文杂志	1945 年第 3 卷第 3 期

王钟麟

王钟麟（1900～1959），字古鲁，笔名王仲廉，江苏常熟人。1920 年赴日留学，次年考入东京高等师范学校研究科学习。1926 年学成归国，历任北京女子师范大学讲师，金陵大学、北京大学、中央大学、辅仁大学教授，以及广西教育厅编译处处长、河南新中华日报编辑。1938～1941 年，再次赴日，任日本东京文理科大学讲师，并开展小说戏曲文献的搜访与调查。归国后于 1942 年 4 月至 1943 年两次担任“北京图书馆”秘书主任，主持日常馆务。新中国成立后，任北京师范大学教授。著述有《语言学概论》《王古鲁日本访书记》《日本对东三省经济侵略情状述略》《最近日本各帝大研究中国学术之概况》《读水浒全传郑序及谈水浒传》，译有《中国近世戏曲史》《目录学概说》《郑和西征考》等。

单篇文章

署名	文章名	报刊名	期数
王钟麟	今日之国立北京图书馆	中国留日同学会季刊	1942 年第 1 期
王古鲁	我也来谈谈日本研究	日本研究（北平）	1943 年第 1 卷第 3 期
王钟麟	国立北京图书馆南运书籍回馆志略	国立华北编译馆馆刊	1943 年第 2 卷第 1 期

俞家骥

俞家骥（1877～1968），字涵青，一字翰卿，号天衢，晚年自号蘧园老人、寿金盦主人。浙江绍兴县人。成年后入京师国子监求学，后分派到山西垦务总局任文案兼提调。中华民国成立后，先后任山西省阳曲等四县知事，后升为雁门道道尹。1927 年被阎锡山调任《山西省政务全书》总编纂。1928 年作为阎锡山幕僚随阎锡山到北平，任平津卫戍司令部秘书长。1935 年任北平行政院驻平政务整理委员会秘书长。后脱离政界，从事银行业。1943 年 3 月至 1945 年 2 月，任“北京图书馆”馆长，其间于 1944 年任大陆银行北京分行经理。新中国成立后，任北京浙江会馆财产管理委员会第一至第三届主任委员，直至 1955 年将财产移交政府统一管理。1956 年后被中央人民政府聘为中央文史研究馆馆员。著述有《五原厅志稿》《临晋县志》《寿金盦所见书画记》等。

专书

署名	书名	出版者	出版年
俞涵青	国立北京图书馆由沪运回中文书籍金石拓本舆图分类清册	北平：国立北京图书馆	1943 年

于冠英

于冠英，生卒年不详。河北大兴（今北京大兴）人。北平崇德中学毕业，曾任燕京大学图书馆助理。1931 年 7 月受聘到国立北平图书馆工作，1932 年 8 月改归大同书店。1943 年 5 月再入馆工作，任编目部西文编目组助理、阅览部庋藏组组员等。新中国成立后，曾任北京图书馆西文期刊组组长，1952 年 6 月离职。

单篇文章

署名	文章名	报刊名	期数
于冠英（译）	文摘：第三次大战谁会胜（Burns，C）	新思潮	1946 年第 1 卷第 3 期
于冠英（译）	文摘：医学的神秘（Mona Gardner）	新思潮	1946 年第 1 卷第 3 期
于冠英（译）	文摘：由苏联的五年计划看苏美战争（J. F. Me Cloud）	新思潮	1946 年第 1 卷第 4 期

续表

署名	文章名	报刊名	期数
于冠英（译）	文摘：原子弹休矣！（Robert Clark）	新思潮	1946 年第 1 卷第 4 期
于冠英（译）	文摘：宇宙旅行第二站：月球（G. Edward Pendray）	新思潮	1946 年第 1 卷第 5 期
于冠英（译）	英美新闻纸的比较观（J. Frank Dobie）	新思潮	1946 年第 1 卷第 5 期
于冠英（译）	潘第夫人：尼赫鲁之妹（Pearl S. Buck）	世界与中国（北平）	1947 年第 3 卷第 1 期
于冠英（译）	舒玛哈：德国人的新救星	世界与中国（北平）	1947 年第 2 卷第 6 期
于冠英（译）	第三次大战谁会胜？（Charles Burns）	现代文丛	1947 年第 1 卷第 4 期
于冠英（译）	苏联内幕：苏联战后生活素描（Sohn Fischer）	新思潮	1947 年第 1 卷第 6 期

张全新

张全新（1913～1984），字铁弦，另字轮新、全新、欣斋，号秋子。笔名张铁弦、铁弦、小秋、无巢、秋紫、怀霜、鲁白。吉林省吉林市人。1929 年赴哈尔滨工业大学学习，在大学时期即开始写作和翻译外国文学作品。“九一八”事变后到武汉，协助编辑《大光报》文艺副刊。1936 年到西安张学良总部任新闻翻译。西安事变后曾参加《解放日报》的编辑工作。全面抗战开始后，在武汉政治部三厅工作。1938～1944年，先后在武汉、重庆担任当时苏联军事顾问的翻译。1944年7月经张申府介绍，到国立北平图书馆重庆办事处工作，1946年秋返京。新中国成立后，先后担任北京图书馆代理秘书长、业务副馆长。1963年11月调文化部人民文学出版社编译所任编译，致力于俄国文学的研究和翻译，译有《恐惧与无畏》《康庄大道》《左撇子》《烟斗》《天蓝色的信封》《吉谢列夫讲演集》等俄国文学作品。

单篇文章

署名	文章名	报刊名	期数
张铁弦	近年苏联史学界一瞥	读书通讯	1944年第83期
张铁弦	苏联近年在中亚之考古探掘	新中华	1944年复2第6期
铁弦（译）	论涅克拉索夫的诗歌（耶果林）	中苏文化（杂志）	1944年第15卷第3/4期
铁弦（译）	屠格涅夫的大学时代（乌觉甫斯文基）	文学（重庆）	1944年第2卷第1期
铁弦（译）	苏联所藏的敦煌美术品	美术家	1945年创刊号
铁弦（译）	爱国战争时期的苏联文学（耶果林）	文哨（重庆）	1945年第1卷第2期
铁弦（译）	战时苏联文艺特辑（上）：战时的苏联诗人及其诗（E. 特洛森克）	中苏文化（杂志）	1945年第16卷第1/2期

续表

署名	文章名	报刊名	期数
铁弦（译）	A. 托尔斯泰逝世纪念特刊：A. 托尔斯泰的德国观	中苏文化（杂志）	1945 年第 16 卷第 4 期
铁弦（译）	苏联文化在国外（A. 加拉甘诺夫）	中苏文化（杂志）	1945 年第 16 卷第 5 期（原文载俄文版《战争与工人阶级》1945 年第 3 期）
铁弦（译）	十月（诗歌）（阿巴金斯文金）	中苏文化（杂志）	1945 年第 16 卷第 11 期
张铁弦（译）	屈原的生平及其创作之研究（费德林）	中国学术	1946 年创刊号
铁弦（译）	给一个红军战士（诗歌）（Y. 乌特金）	中苏文化（杂志）	1946 年第 17 卷第 2 期
铁弦（译）	步兵（诗歌）（K. 西蒙诺夫）	中苏文化（杂志）	1946 年第 17 卷第 2 期
铁弦（译）	《儿子》的作者安托珂里斯基	中苏文化（杂志）	1946 年第 17 卷第 5 ~ 6 期
铁弦（词），陈锋（曲）	纤夫曲（歌曲）	中国工人	1946 年第 4 期

何多源

何多源（1909 ~ 1969?），字濬熙，又名观泽。广东番禺人。1926 年毕业于广州宏英英文专门学校，任中山大学图书馆中文编目主任，1932 年 10 月任广州大学图书馆馆长兼教育系教授，广东省立勷勤大学教育学院图书教员。后受聘于岭南大学图书馆，任中文部主任、总务部兼参考部主任，1937 年 8 月起任岭南大学图书馆代理馆长。1945 年 11 月任职国立北平图书馆，派在香港办事处，任编目组员，后任馆编辑、秘书。1948 年离职，任广州大学副教授、图书馆主任。新中国成立后，历任华南联合大学副教授、图书馆主任，中山大学副教授、图书馆副馆长。1958 年广东省中心图书馆委员会成立，任副主任。1963 年起，任广东省图书馆学会第一届副会长、第二届理事会理事。著述有《中文参考书指南》《图书馆编目法》《战时经济参考书目》《广东藏书家考》等。

单篇文章

署名	文章名	报刊名	期数
何观泽	广州香港各图书馆近况	中华图书馆协会会报	1946 年第 20 卷第 4/5/6 期

丰华瞻

丰华瞻（1924～），浙江崇德人。1945 年毕业于中央大学外文系，12 月到国立北平图书馆工作，任编目部编目组组员、编辑。1947 年，进入北京大学文科研究所深造，次年赴美国加州大学伯克利分校学习。1951 年回国后，执教于广东中山大学外文系。1953 年，调入复旦大学任教授。曾任上海外文学会副秘书长、常务理事。译著有《格林童话》等，还著有《中西诗歌比较》《诗歌翻译的几个问题》，合著《我的父亲丰子恺》等。

单篇文章

署名	文章名	报刊名	期数
丰华瞻	同义字的辨别（一）	英文月刊	1945 年第 8 期
丰华瞻	同义字的辨别（二）	英文月刊	1946 年第 9 期
丰华瞻	同义字的辨别（三）	英文月刊	1946 年第 10 期
丰华瞻	同义字的辨别（四）	英文月刊	1946 年第 11 期
丰华瞻	同义字的辨别（五）	英文月刊	1946 年第 12 期
丰华瞻	同义字的辨别（六）	英文月刊	1946 年第 13 期
丰华瞻	同义字的辨别（七）	英文月刊	1946 年第 14 期
丰华瞻	同义字的辨别（八）	英文月刊	1946 年第 15 期
丰华瞻	同义字的辨别（九）	英文月刊	1946 年第 16 期
丰华瞻	同义字的辨别（十）	英文月刊	1946 年第 17 期
丰华瞻	同义字的辨别（十一）	英文月刊	1946 年第 18 期
丰华瞻	同义字的辨别（十二）	英文月刊	1946 年第 19 期
丰华瞻	同义字的辨别（十三）	英文月刊	1947 年第 20 期
丰华瞻	同义字的辨别（十四）	英文月刊	1947 年第 23 期
丰华瞻	同义字的辨别（十五）	英文月刊	1947 年第 24 期
丰华瞻	同义字的辨别（十六）	英文月刊	1947 年第 27 期
丰华瞻	同义字的辨别（十七）	英文月刊	1947 年第 28 期
丰华瞻	同义字的辨别（十八）	英文月刊	1947 年第 29 期
丰华瞻	同义字的辨别（十九）	英文月刊	1947 年第 30 期
丰华瞻	同义字的辨别（二十）	英文月刊	1948 年第 31 期
丰华瞻	同义字的辨别（廿一）	英文月刊	1948 年第 33 期

佚名及集体著述

专书

署名	书名	出版者	出版年
京师图书馆	敦煌石室经卷总目	布面线装本，未刊行	1912 年
京师图书馆编	京师图书馆丛书总目略	抄本	
京师图书馆编	京师图书馆方志目录	稿本	
京师图书馆分馆目录课编	京师图书分馆藏书目	油印本	
京师图书馆编	京师图书馆庋藏清内阁地图暨图画目录	抄本	
京师图书馆编	京师图书馆汇刻书目	抄本	
京师图书馆编	京师图书馆普通单行本阅览书目	抄本	
京师图书馆编	京师图书馆山东方志目录旧稿	抄本	
京师图书馆编	京师图书馆书目	油印本	
京师图书馆编	京师图书馆书目总目：子部		
京师图书馆编	京师图书馆善本简明书目	北京：京师图书馆	1916 年
京师图书馆编	京师图书馆普通本书目（28 卷）	苦叶庵朱丝栏抄本	1917 年

续表

署名	书名	出版者	出版年
京师图书馆目录科编	清查各直省赋役全书底册	北京：京师图书馆	1918年
京师图书馆	舆图目录	未刊行	1918年
京师图书馆	丛书子目分类稿	抄本	1921年
北平北海图书馆	*Classified List of Reference Books in the Reading Room of the Metropolitan Library*（《北平北海图书馆阅览室参考书目录（英文本）》）	出版情况不详	1927年
北京图书馆	北京图书馆现藏中国政府出版品目录（第一辑）	北京：北京图书馆	1928年
北京图书馆	*Reference list of books on botany in the Peking libraries*（《北京各图书馆所藏植物学书联合目录》）	北平博物学会与北平北海图书馆	1928年
北平北海图书馆	*Account of the Chinese International Exchange Service*（《中国加入国际交换出版品协约之经过》）	北平北海图书馆	1928年
北平北海图书馆	*Catalogue of Chinese Government Publications in the Metropolitan Library*（《北平北海图书馆藏政府出版物目录》）	北平北海图书馆	1928年
北平北海图书馆	汉画像石目录	出版情况不详	

续表

署名	书名	出版者	出版年
北平北海图书馆	北平各图书馆所藏物理学书联合目录	出版情况不详	
国立北平图书馆编	国立北平图书馆图书展览会陈列目录	北平：国立北平图书馆	1929年
国立北平图书馆编	国立北平图书馆图书展览会目录	北平：国立北平图书馆	1930年
国立北平图书馆索引组编	耆献类征索引	国立北平图书馆，抄本	1930年
国立北平图书馆索引组编	诗人征略索引	国立北平图书馆，抄本	1930年
国立北平图书馆索引组编	先正事略索引	国立北平图书馆，抄本	1930年
国立北平图书馆编	国立北平图书馆水灾筹赈图书展览会目录	国立北平图书馆	1931年
国立北平图书馆	*Union catalogue of books in European languages in Peiping libraries*（北平各图书馆藏西文书联合目录）	国立北平图书馆	1931年
国立北平图书馆编	国立北平图书馆现藏中国官书目录（第二辑，国民政府之部）	国立北平图书馆	1932年

续表

署名	书名	出版者	出版年
北京图书馆编	*A classified list of reference books in the reading rooms of the National library of Peiping*（《北京图书馆藏参考书书目》）	国立北平图书馆	1932 年
国立北平图书馆编	太平天国史料八种	国立北平图书馆，照像复制本	1932 年
国立北平图书馆编	*A classified list of reference books in the reading rooms of the National library of Peiping*（《北平图书馆阅览室参考书书目》）	国立北平图书馆	1932 年
国立北平图书馆中文编目组	本馆每周宣布中文书目录	油印本	1933～1934 年
佚名	*Deutsche druckkunst der gegenwart: China - ausstellung, veranstaltet von der Nationalbibliothek in Peiping und dem Deutschland - institut. Verzeichnis der ausgestellten buecher und drucke*（《现代德国印刷展览目录》）	国立北平图书馆印行	1933 年
国立北平图书馆编	梁氏饮冰室藏书目录	国立北平图书馆	1933 年

续表

署名	书名	出版者	出版年
国立北平图书馆编	国立北平图书馆舆图版画展览会目录	国立北平图书馆	1933 年
国立北平图书馆编	*Union catalogue of books in European languages in Peiping libraries. supplement*（《北平各图书馆藏西文书联合目录补编》）	北平图书馆、清华大学图书馆	1933 年
国立北平图书馆	施复亮寄存书目	出版情况不详	1933 年
国立北平图书馆编	国立北平图书馆出版书籍目录	编者刊	1933 年
国立北平图书馆编	国立北平图书馆戏曲音乐展览会目录	国立北平图书馆	1934 年
国立北平图书馆编	*Catalogue du fonds franais de la Bibliothèque nationale de Peiping*（《北平图书馆藏法文书目录》）	国立北平图书馆	1934 年
国立北平图书馆索引组、中国大辞典编纂处	增订小学考简目	国立北平图书馆、中国大辞典编纂处印行	1934 年（？该年年报为待印）
国立北平图书馆编	国立北平图书馆筹赈水灾展览会水利图书目录	国立北平图书馆	1935 年
国立北平图书馆编纂部	瞿氏补书堂寄藏书目录	国立北平图书馆印行	1935 年

续表

署名	书名	出版者	出版年
国立北平图书馆	*Exhibition of modern American printing*: *a catalogue*（《现代美国印刷展览目录》）	国立北平图书馆印行	1935 年
国立北平图书馆	现代英国印刷品展览会目录	国立北平图书馆印行	1935 年
北平图书馆写经组	敦煌石室写经详目	1935 年完成，未印行	
北平图书馆写经组	敦煌石室写经详目续编	1935 年完成，未印行	
国立北平图书馆中文编目组	新编目中文普通书	国立北平图书馆中文编目组，油印本	1935 年
国立北平图书馆中文编目组	本馆每周宣布中文书目录	国立北平图书馆中文编目组，油印本	1936 年
国立北平图书馆中文编目组	国立北平图书馆排印卡片目录（1～3）	编者刊	1936 年
国立北平图书馆中文编目组	国立北平图书馆中文目录检字表	国立北平图书馆	1936 年
国立北平图书馆	国立北平图书馆馆藏中文期刊目录	国立北平图书馆	1936 年
国立北平图书馆索引组编	铁路工程论文索引	北平：工程参考图书馆	1937 年

续表

署名	书名	出版者	出版年
国立北平图书馆编	工程参考图书馆概况	国立北平图书馆	1937 年
国立北平图书馆中文编目组	国立北平图书馆排印卡片目录（4~5）	编者刊	1937 年
国立北平图书馆编印	中国图书分类法补遗	编者刊	1939 年
国立北平图书馆编	国立北平图书馆出版书籍目录	编者刊	1939 年
国立北平图书馆、国立西南联合大学合组中日战争史料征辑会编	国立北平图书馆、国立西南联合大学合组中日战事史料征辑会工作报告	该会刊	1939 年
佚名	国立北京图书馆概况	北京，该馆	1942 年
国立北平图书馆编	国立北平图书馆普通书库排架书目甲编	油印本	1944 年
国立北平图书馆南京办事处	国立北平图书馆特藏清内阁大库舆图目录	油印本	1946 年
国立北平图书馆编	国立北平图书馆普通书目：经籍类	国立北平图书馆，抄本	民国间
国立北平图书馆编	叶氏琴趣楼寄存本馆图书分类目录	国立北平图书馆，抄本	民国间
国立北平图书馆编	国立北平图书馆书目：古器物学类	国立北平图书馆，稿本	民国间

续表

署名	书名	出版者	出版年
国立北平图书馆	国立北平图书馆现存昆明藏书目录初编	抄本	民国间
国立北平图书馆编	丛书目录	抄本	民国间
国立北平图书馆编	国立北平图书馆中文书目	抄本	民国间

单篇文章

署名	文章名	报刊名	期数
佚名	京师图书馆善本简明书目	教育部编纂处月刊	1913 年第 1 卷第 5 期
佚名	京师图书馆善本简明书目	教育部编纂处月刊	1913 年第 1 卷第 6 期
佚名	京师图书馆善本简明书目	教育部编纂处月刊	1913 年第 1 卷第 8 期
佚名	京师图书馆善本简明书目	教育部编纂处月刊	1913 年第 1 卷第 9 期
佚名	京师图书馆善本简明书目	教育部编纂处月刊	1913 年第 1 卷第 10 期
京师图书馆（译）	美京华盛顿国会图书馆纪略	教育公报	1917 年第 4 卷第 9 期，东方杂志第 14 卷第 12 号

续表

署名	文章名	报刊名	期数
京师图书馆（译）	美国国会图书馆阅书须知	教育公报	1917 年第 4 卷第 11 期
佚名	入藏中文书书目·书目类书目	北京图书馆月刊	1928 年第 1 卷第 1 期
佚名	馆藏明刊志书	北京图书馆月刊	1928 年第 1 卷第 1 期
佚名	主要西文杂志目	北京图书馆月刊	1928 年第 1 卷第 1 期
佚名	入藏中文书书目·丛书类	北京图书馆月刊	1928 年第 1 卷第 2 期
佚名	入藏西文书书目·音乐类书目	北京图书馆月刊	1928 年第 1 卷第 2 期
佚名	入藏中文书书目·类书类	北京图书馆月刊	1928 年第 1 卷第 3 期
佚名	入藏西文书书目·英文文学书书目	北京图书馆月刊	1928 年第 1 卷第 3 期
佚名	馆藏中文善本书书目	北京图书馆月刊	1928 年第 1 卷第 4 期
佚名	入藏西文书书目·支那研究书书目	北京图书馆月刊	1928 年第 1 卷第 4 期
佚名	入藏中文书书目·古器物学类	北平北海图书馆月刊	1928 年第 1 卷第 5 期
佚名	入藏中文书书目·古器物学书目（续）	北平北海图书馆月刊	1928 年第 1 卷第 6 期

续表

署名	文章名	报刊名	期数
佚名	Union List of Books Relating to China in Peiping Libraries（《北平各图书馆所藏关系中国之西文书联合目录（待续）》）	*The Metropolitan Library Record*（《北平北海图书馆英文季刊》）	1928 年第 1 卷第 1 期
佚名	Union List of Books Relating to China in Peiping Libraries（《北平各图书馆所藏关系中国之西文书联合目录（完）》）	*The Metropolitan Library Record*（《北平北海图书馆英文季刊》）	1929 年第 1 卷第 2 期
佚名	入藏中文书书目·经籍类书目	北平北海图书馆月刊	1929 年第 2 卷第 1 期
佚名	入藏中文书书目·书目类补·丛书类补	北平北海图书馆月刊	1929 年第 2 卷第 2 期
佚名	入藏中文书书目·经籍类（续）	北平北海图书馆月刊	1929 年第 2 卷第 5 期
佚名	入藏中文书书目·经籍类（续）	北平北海图书馆月刊	1929 年第 2 卷第 6 期

续表

署名	文章名	报刊名	期数
国立北平图书馆编纂部索引组	关于《国学论文索引》答《大公报》文学副刊记者	中华图书馆协会会报	1931 年第 7 卷第 2 期
佚名	国立北平图书馆特藏新购地图目录	国立北平图书馆馆刊	1932 年第 6 卷第 4 号
国立北平图书馆索引组	碑传集补人名索引	中华图书馆协会会报	1932 年第 8 卷第 1/2 期
佚名	馆藏方志目录勘误	国立北平图书馆馆刊	1934 年第 8 卷第 2 号
佚名	本馆善本书目新旧二目异同表	国立北平图书馆馆刊	1934 年第 8 卷第 1 号
佚名	本馆新旧善本书目异同表（续）	国立北平图书馆馆刊	1934 年第 8 卷第 2 号
佚名	本馆新旧善本书目异同表（续）	国立北平图书馆馆刊	1934 年第 8 卷第 4 号
国立北平图书馆	续补馆藏方志目录	国立北平图书馆馆刊	1934 年第 8 卷第 2 号
国立北平图书馆采访组	民国二十二年西书华译目录	图书季刊	1934 年第 1 卷第 1 期
国立北平图书馆中文期刊组	中文期刊生卒调查表	中华图书馆协会会报	1934 年第 9 卷第 5 期

续表

署名	文章名	报刊名	期数
国立北平图书馆中文期刊组	中文期刊生卒调查表	中华图书馆协会会报	1934 年第 9 卷第 6 期
国立北平图书馆中文期刊组	中文期刊生卒调查表	中华图书馆协会会报	1934 年第 10 卷第 1 期
国立北平图书馆中文期刊组	中文期刊生卒调查表	中华图书馆协会会报	1934 年第 10 卷第 2 期
国立北平图书馆中文期刊组	中文期刊生卒调查表	中华图书馆协会会报	1934 年第 10 卷第 3 期
国立北平图书馆	国立北平图书馆排印卡片目录说明	大公报图书副刊（天津）	第 104 期（1935 年 11 月 7 日）
国立北平图书馆	国立北平图书馆排印卡片目录说明及使用法	中华图书馆协会会报	1936 年第 11 卷第 3 期；《民众日报图书特刊》第 4 期（1936 年 1 月）
国立北平图书馆索引组	史地论文索引	禹贡（半月刊）	1936 年第 5 卷第 6 期
国立北平图书馆中文期刊组	中文期刊生卒调查表	中华图书馆协会会报	1935 年第 10 卷第 4 期

续表

署名	文章名	报刊名	期数
国立北平图书馆中文期刊组	中文期刊生卒调查表	中华图书馆协会会报	1935年第10卷第5期
国立北平图书馆中文期刊组	中文期刊生卒调查表	中华图书馆协会会报	1935年第10卷第6期
国立北平图书馆中文期刊组	中文期刊生卒调查表	中华图书馆协会会报	1936年第11卷第1期
国立北平图书馆中文期刊组	中文期刊生卒调查表	中华图书馆协会会报	1936年第11卷第2期
国立北平图书馆中文期刊组	中文期刊生卒调查表	中华图书馆协会会报	1936年第11卷第3期
国立北平图书馆舆图部	历史地理论文索引	禹贡（半月刊）	1936年第5卷第6期
国立北平图书馆索引组	清代笔记地理类论文索引（第一辑）	禹贡（半月刊）	1936年第5卷第12期
国立北平图书馆索引组	清代笔记地理类论文索引（第一辑）	禹贡（半月刊）	1937年第6卷第1期
国立北平图书馆索引组	清代文史笔记子目分类索引	禹贡（半月刊）	1937年第6卷第1期

续表

署名	文章名	报刊名	期数
国立北平图书馆索引组	清代文史笔记子目分类索引（续）	禹贡（半月刊）	1937 年第 6 卷第 2 期
国立北平图书馆索引组	清代笔记地理类论文索引（第一辑）	禹贡（半月刊）	1937 年第 6 卷第 2 期
国立北平图书馆中文期刊组	中文期刊生卒调查表	中华图书馆协会会报	1936 年第 11 卷第 4 期
国立北平图书馆中文期刊组	中文期刊生卒调查表	中华图书馆协会会报	1936 年第 11 卷第 5 期
国立北平图书馆中文期刊组	中文期刊生卒调查表	中华图书馆协会会报	1936 年第 11 卷第 6 期
国立北平图书馆中文期刊组	中文期刊生卒调查表	中华图书馆协会会报	1936 年第 12 卷第 1 期
国立北平图书馆中文期刊组	中文期刊生卒调查表	中华图书馆协会会报	1936 年第 12 卷第 2 期
国立北平图书馆中文期刊组	中文期刊生卒调查表	中华图书馆协会会报	1936 年第 12 卷第 3 期

续表

署名	文章名	报刊名	期数
北平图书馆舆图部	康藏论文索引	禹贡（半月刊）	1937 年第 6 卷第 12 期，该年国立北平图书馆出单行本
国立北平图书馆中文期刊组	中文期刊生卒调查表	中华图书馆协会会报	1936 年第 12 卷第 4 期
国立北平图书馆中文期刊组	中文期刊生卒调查表	中华图书馆协会会报	1936 年第 12 卷第 5 期
国立北平图书馆中文期刊组	中文期刊生卒调查表	中华图书馆协会会报	1936 年第 12 卷第 6 期

参考文献

[1] 中华图书馆协会. 图书馆学季刊 [J]. 1926－1937.

[2] 北京图书馆. 北京图书馆第一年度报告 [R]. 北京: 北京图书馆, 1927.

[3] 北京图书馆. 北京图书馆第二年度报告 [R]. 北京: 北京图书馆, 1928.

[4] 北平北海图书馆. 北平北海图书馆第三年度报告 [R]. 北平: 北平北海图书馆, 1929.

[5] 北平北海图书馆. The Metropolitan Library Record [J]. 1928－1929.

[6] 国立北平图书馆. 国立北平图书馆馆刊（原名北京图书馆月刊、北平北海图书馆月刊、国立北平图书馆月刊）[J]. 1928－1937.

[7] 王重民. 国学论文索引（初编）[M]. 北平: 中华图书馆协会, 1929.

[8] 国立北平图书馆. 国立北平图书馆职员录 [A]. 北平: 国立北平图书馆, 1929、1930、1932、1935－1937.

[9] 国立北平图书馆. 国立北平图书馆馆务报告（1929 年 7 月至 1937 年 6 月）[R]. 北平: 国立北平图书馆, 1930－1937.

[10] 宋景祁. 中国图书馆界人名录 [M]. 上海: 上海图书馆协会, 1930.

[11] 国立北平图书馆. 国学论文索引续编 [M]. 北平: 中华图书馆协会, 1931.

[12] 刘修业. 文学论文索引续编 [M]. 北平: 中华图书馆协会, 1933.

[13] 国立北平图书馆. 图书季刊 [J]. 1934－1948.

[14] 国立北平图书馆. Quarterly Bulletin of Chinese Bibliography [J]. 1934 - 1937, 1940 - 1941, 1943 - 1948.
[15] 胡鸣盛. 胡鸣盛著作一览表 [J]. 考古, 1934 (1).
[16] 刘修业. 国学论文索引三编 [M]. 北平: 中华图书馆协会, 1934.
[17] 刘修业. 国学论文索引四编 [M]. 北平: 中华图书馆协会, 1936.
[18] 刘修业. 文学论文索引三编 [M]. 北平: 中华图书馆协会, 1936.
[19] 中华图书馆协会. 图书馆学季刊总索引 (第一号) [M]. 北平: 中华图书馆协会, 1937.
[20] 1910 ~ 1941 年国立北平图书馆职员名录 [A]. 国家图书馆人事档案 1. 1.
[21] 爨汝僖. 国立北平图书馆职员录 (民国三十年至民国三十五年) [A]. 抄本, 民国间.
[22] 1945 年沪渝昆人员 [A]. 国家图书馆人事档案.
[23] 国立北平图书馆渝昆两部分人员名录 (1946 年 5 月) [A]. 国家图书馆人事档案.
[24] 国立北平图书馆职员录 (1947 年 6 月) [A]. 国家图书馆人事档案.
[25] 国立北平图书馆职员录 (1948 年 4 月) [A]. 国家图书馆人事档案.
[26] 职工名单 (1949 年 2 月) [A]. 国家图书馆人事档案.
[27] 北平市图书馆协会. 北平市图书馆协会会员录 [A]. 北平: 北平市图书馆协会, 1946.
[28] 谭其骧. 悼念王庸先生 [J]. 地理学报, 1956 (3).
[29] 李钟履. 图书馆学书籍联合目录 [M]. 北京: 中华书局, 1958.
[30] 李钟履. 图书馆学论文索引 (清末至 1949 年 9 月) [M]. 北京: 商务印书馆, 1959.
[31] 刘乃和. 陈垣同志解放前已刊论著目录系年 [J]. 史学史资料, 1979 (5).

[32] 朱传誉. 袁同礼传记资料 [M]. 台北：天一出版社，1979.
[33] 徐铸成. 文汇报是怎样诞生的——在文汇报工作的回忆之一 [J]. 新闻研究资料，1980 (1)：138－148.
[34] 李钟履. 中华图书馆协会会报总索引 (1925～1937) [M]. 成都：四川省中心图书馆委员会，1981.
[35] 戚志芬，阎万钧. 敦煌学与西域文明文献研究目录（一）[J]. 敦煌研究，1982 (2).
[36] 卞孝萱. 章钰与《胡刻通鉴正文校宋记》[J]. 史学史研究，1983 (2).
[37] 原北京图书馆副研究员顾子刚同志在京病逝 [J]. 图书馆学通讯，1985 (1).
[38] 敬文. 怀念一位有成绩的图书馆工作者——李钟履先生传略 [J]. 图书馆学研究，1985 (6).
[39] 刘进宝. 敦煌学论著目录 [M]. 兰州：甘肃人民出版社，1985.
[40] 刘修业. 王重民教授生平及学术活动年表（附著述目录）[J]. 图书馆学研究，1985 (5).
[41] 上海图书馆. 上海图书馆馆藏中文报纸副刊目录 (1898～1949) [M]. 上海：上海图书馆，1985.
[42] 吴光清. 原北平图书馆馆长袁同礼学术传略 [J]. 文献，1985 (4).
[43] 徐家璧，袁清. 袁同礼中文著述目录 [J]. 文献，1985 (4)：143.
[44] 杨宝华，韩德昌. 中国省市图书馆概况 [M]. 北京：书目文献出版社，1985.
[45] 张秀民. 张秀民自传（附张秀民主要论著目录）[J]. 文献，1985 (3)：140－153.
[46] 赵深. 著名版本目录学家赵万里小传 [J]. 文献，1985 (4).
[47] 张申府同志逝世 [J]. 图书馆学通讯，1986 (3).
[48] 北京语言学院《中国艺术家辞典》编委会. 中国艺术家辞典·现代

第五分册［M］. 长沙：湖南人民出版社，1986.
［49］缪荃孙. 艺风老人日记［M］. 北京：北京大学出版社，1986.
［50］阎万钧. 向达先生译著系年［C］//阎文儒，陈玉龙. 向达先生纪念论文集. 乌鲁木齐：新疆人民出版社，1986：820－824.
［51］北京图书馆同人文选编委会. 北京图书馆同人文选（1912～1987）［M］. 北京：书目文献出版社，1987.
［52］北京图书馆. 民国时期总书目（1911～1949）［M］. 北京：书目文献出版社，1987－1996.
［53］黄镇伟. 谢国祯著述目录［J］. 文教资料，1988（1）：49.
［54］邱克勤，王可权. 记汪长炳先生［J］. 黑龙江图书馆，1988（3）.
［55］汝信. 当代中国社会科学手册［M］. 北京：社会科学文献出版社，1988.
［56］车吉心，梁自絜，任孚先. 齐鲁文化大辞典［M］. 济南：山东教育出版社，1989.
［57］寒冬虹. 北京图书馆历年所编的古籍目录［J］. 文献，1989（2）.
［58］黄彝仲. 良师同事益友——缅念为图书馆事业奋斗终生的孙述万教授［J］. 四川图书馆学报，1989（5）.
［59］薛维维. 中国妇女名人录［M］. 西安：陕西人民出版社，1988.
［60］谭其骧先生著作目录［J］. 历史地理（第9辑），1990.
［61］王绍平，陈兆山，陈钟鸣，等. 图书情报词典［M］. 上海：汉语大词典出版社，1990.
［62］徐廼翔. 中国现代文学词典·诗歌卷［M］. 南宁：广西人民出版社，1990.
［63］梁战，郭群一. 历代藏书家辞典［M］. 西安：陕西人民出版社，1991.
［64］徐友春. 民国人物大辞典［M］. 石家庄：河北人民出版社，1991.

[65] 北京图书馆业务研究委员会. 工作人员名录 [A]//北京图书馆馆史资料汇编（1909~1949）. 北京：书目文献出版社，1992：1362－1390.
[66] 国立中央图书馆同人著作目录 [A]. 台北："中央图书馆"，1993.
[67] 欧阳采薇. 我与北京图书馆 [J]. 北京图书馆馆刊，1993（Z2）.
[68] 全根先，周玉玲. 朴实无华勤勉奉献的一生——访北京图书馆研究馆员杨殿珣先生 [J]. 北京图书馆馆刊，1993（Z2）.
[69] 徐为民. 中国近现代人物别名词典 [M]. 沈阳：沈阳出版社，1993.
[70] 金沛霖. 首都图书馆馆史 [M]. 北京：北京市文化局、首都图书馆，1995.
[71] 南京图书馆志编写组. 南京图书馆志（1907~1995）[M]. 南京：南京出版社，1996.
[72] 刘茂才. 四川人才年鉴（1979~1994）[M]. 成都：四川人民出版社，1996.
[73] 北京图书馆馆史资料汇编（二）编辑委员会. 工作人员名录 [A]//北京图书馆馆史资料汇编（二）. 北京：北京图书馆出版社，1997.
[74] 史睿. 故唐开元律名例疏案证 [M]//季羡林. 敦煌学大辞典. 上海：上海辞书出版社，1998：800－801.
[75] 李鼎霞. 老一代女学者刘修业先生 [J]. 文史知识，2000（3）.
[76] 周家珍. 20世纪中华人物名字号辞典 [M]. 北京：法律出版社，2000.
[77] 王尧. 平凡而伟大的学者——于道泉 [M]. 石家庄：河北教育出版社，2001.
[78] 任继愈. 佛教大辞典 [M]. 南京：江苏古籍出版社，2002.
[79] 吴新雷. 中国昆剧大辞典 [M]. 南京：南京大学出版社，2002.
[80] 朱宝梁. 20世纪中文著作者笔名录 [M]. 桂林：广西师范大学出版社，2002.

[81] 王锦贵. 王重民先生百年诞辰纪念文集 [M]. 北京: 北京图书馆出版社, 2003.
[82] 王媛. 王重民教授著述目录补遗 [J]. 图书情报工作, 2003 (5).
[83] 方美雪. 严文郁先生著作目录 [J]. 台湾图书馆学会会报 (台北), 2004 (73).
[84] 蓝文钦. 严文郁先生年谱简编 [J]. 台湾图书馆学会会报 (台北), 2004 (73).
[85] 王亮. 续修四库全书总目提要研究 [D]. 上海: 复旦大学, 2004.
[86] 余欣. 许国霖与敦煌学 [C]//敦煌吐鲁番研究 (第七卷). 北京: 中华书局, 2004.
[87] 马少波. 中国京剧编年史序 [J]. 中国戏剧, 2004 (4).
[88] 陈玉堂. 中国近现代人物名号大辞典 [M]. 杭州: 浙江古籍出版社, 2005.
[89] 程焕文, 王蕾. 影响20世纪中国图书馆史学研究的八位史家及其代表著作——谨以此文恭贺图书馆史学家谢灼华教授70华诞 [J]. 图书馆论坛, 2005 (6).
[90] 潘铭燊. 钱存训教授著述目录 (1931~2005) [J]. 台湾图书馆学会会报 (台北), 2005 (74).
[91] 钱存训. 吴光清博士生平概要 [J]. 国家图书馆学刊, 2005 (3).
[92] 作者著 (译) 述要目 [C]//中国社会科学院科研局组织编选. 贺昌群集. 北京: 中国社会科学出版社, 2006.
[93] 高荣华. 廉洁奉公胡文玉 [C]//仰望群山. 应城市纪委、监察局、文体局编印, 2006.
[94] 蒋维乔. 江味农居士传 [M]//金刚经讲义. 合肥: 黄山书社, 2006: 559-560.
[95] 王余光. 略论20世纪中国文献学家 [J]. 图书情报工作, 2006 (2).

[96] 虞坤林．赵万里先生活动简表［J］．出版史料，2006（1）．
[97] 关家铮．二十世纪俗文学周刊总目［M］．济南：齐鲁书社，2007．
[98] 杨洪升．缪荃孙著述新考［J］．图书馆杂志，2008（5）．
[99] 杨洪升．缪荃孙研究［M］．上海：上海古籍出版社，2008．
[100] 游克绪．文化殿堂中的耕耘者刘修业［J］．福建图书馆理论与实践，2007（2）．
[101] 程焕文．裘开明年谱［M］．桂林：广西师范大学出版社，2008．
[102] 广东省立中山图书馆．陈君葆书信集［M］．广州：广东人民出版社，2008．
[103] 李红玲．天下月刊（T'IENHSIAMONTHLY）研究［D］．上海：上海外国语大学，2008．
[104] 魏成刚．论刘国钧先生的学术成就［D］．北京：北京大学，2008．
[105] 杜春和．张国淦文集续编：经学卷［M］．北京：燕山出版社，2009．
[106] 平保兴．论何多源中文参考书指南的学术价值和意义［J］．图书情报研究，2009（4）．
[107] 王秀粉．绍往开来文明有道，诚中弘外郁德无疆——记图书馆学家严文郁教授［J］．图书馆论坛，2009（6）．
[108] 文华图书馆学专科学校季刊总索引［M］//文华图书馆学专科学校季刊．北京：国家图书馆出版社，2009．
[109] 赵俊玲，等．中华图书馆协会会报索引［M］．北京：国家图书馆出版社，2009．
[110] 中华图书馆协会执行部．中华图书馆协会会报（第2～5册）［M］．北京：国家图书馆出版社，2009．
[111] 李致忠．中国国家图书馆馆史资料长编［M］．北京：国家图书馆出版社，2009．
[112] 复旦大学历史系资料室．二十世纪中国人物传记资料索引·下篇3．

[M]. 上海：上海辞书出版社，2010.
[113] 焦正安. 鲁迅《癸丑日记》评述 [J]. 学理论，2010 (27).
[114] 沙知. 向达学记——向达生平和学术 [M]. 北京：生活·读书·新知三联书店，2010.
[115] 王艳丽. 赵录绰致王献唐信札二通 [J]. 文献，2010 (1).
[116] 韦庆媛. 民国时期清华图书馆员的大动荡及启示 [J]. 河南图书馆学刊，2010 (5).
[117] 韦庆媛. 图书馆的另类馆长钱稻孙 [J]. 读书，2010 (8).
[118] 徐苏. 民国江苏省立镇江图书馆 [J]. 钟山风雨，2010 (4).
[119] 杨纤如. 又想起北方左联一事——记女执委陈璧如 [C]//中国社会科学院文学研究所《左联回忆录》编辑组. 左联回忆录. 北京：知识产权出版社，2010：419－421.
[120] 袁同礼. 袁同礼文集 [M]. 北京：国家图书馆出版社，2010.
[121] 智效民. 胡适和他的朋友们（增补本）[M]. 北京：世界知识出版社，2010.
[122] 范凡. 民国时期图书馆学论著大量出现的事业基础 [J]. 山东图书馆学刊，2011 (3)：36－40.
[123] 金恩晖. "用知识武装起来的人是不可战胜的"——《杨殿珣评传. 附〈清代金石著述录目〉》序 [J]. 中国索引，2011 (1).
[124] 马桓. 章钰研究资料综述 [J]. 安徽文学，2011 (8).
[125] 杨晓华. 傅芸子先生的敦煌俗文学研究 [J]. 敦煌学辑刊，2011 (3).
[126] 江山. 何多源对图书馆学术的贡献（1930～1949）[J]. 图书馆论坛，2012 (11).
[127] 平保兴. 16 位图书馆学者事略与著述考录 [J]. 山东图书馆学刊，2012 (1).
[128] 国家图书馆. 袁同礼纪念文集 [M]. 北京：国家图书馆出版社，

2012.
[129] 赵万里. 赵万里文集 [M]. 北京：国家图书馆出版社，2012.
[130] 谭新嘉. 梦怀录 [M]//国家图书馆出版社整理. 近代人物年谱辑刊. 第十六册—第十七册. 北京：国家图书馆出版社，2012.
[131] 王可万. 易均室任职湖北省图书馆辨考——兼论孙述万、冯汉骥任职时限 [J]. 图书情报论坛，2012 (6).
[132] 赵爱学，林世田. 顾子刚生平及捐献古籍文献事迹考 [J]. 国家图书馆学刊，2012 (3).
[133] 林吕建. 浙江民国人物大辞典 [M]. 杭州：浙江大学出版社，2013.
[134] 刘波. 国家图书馆与敦煌学 [D]. 石家庄：河北师范大学，2013.
[135] 全根先，陈荔京. 民国时期国家图书馆目录学论著编年 [J]. 国家图书馆学刊，2013 (3).
[136] 余训培. 部分代表人物简介 [M]//余训培. 民国时期的图书馆与社会阅读. 北京：清华大学出版社，2013.
[137] 中国社会科学院近代史研究所中华民国史研究室. 胡适来往书信选 [M]. 北京：社会科学文献出版社，2013.
[138] 平保兴. 林语堂首次从日文引进“索引”说疑考 [J]. 辞书研究，2013 (3).
[139] 刘杨. 徐家璧及其图书馆学论著研究 [C]//刘博涵. 读者服务与文献典藏工作论文集. 北京：国家图书馆出版社，2013.
[140] 平保兴. 李钟履学术成就与思想研究 [J]. 山东图书馆学刊，2014 (6).
[141] 王余光，范凡，等. 清末民国图书馆史料汇编（第七册）[M]. 北京：国家图书馆出版社，2014.
[142] 肖鹏. 民国时期参考咨询研究总述 [J]. 国家图书馆学刊，2014 (4).
[143] 郑锦怀，顾烨青. 于震寰生平考略 [J]. 国家图书馆学刊，2014 (5).

［144］宋建成，等．图书馆人物志［M］．台北：五南图书出版股份有限公司，2014.
［145］张廷银，朱玉麒．缪荃孙全集：艺风老人日记［M］．南京：凤凰出版社，2014.
［146］江山．曾宪文儿童图书馆研究述略［J］．晋图学刊，2015（1）.
［147］刘宇，薛碧莹，顾烨青．文华图书馆学专科学校季刊的知识产出与学术风格［J］．大学图书馆学报，2015（3）.
［148］郑锦怀．李芳馥图书馆生涯考辨［J］．图书馆论坛，2020（3）.
［149］浙江省人物志编纂委员会．浙江省人物志［M］．杭州：浙江人民出版社，2005.
［150］肖彤．正白旗下的掌故［DB/OL］．（2012－07－29）［2015－12－26］．http：//www.zggdxs.com/Article/xssy/swly/201207/4333.html.
［151］周余姣．邓衍林之生平、著述与贡献［J］．中国图书馆学报，2017（1）.